文學叢刊

朱介凡著

文藝生活

文史哲出版社印行

國家圖書館出版品預行編目資料

文藝生活 / 朱介凡著. -- 初版. -- 臺北市：
文史哲, 民 96.10
頁： 公分. --（文學叢刊；191）
ISBN 978-957-549-746-0 (平裝)

1.現代文藝 2.文學評論

829 96020325

文學叢刊 191

文藝生活

著者：朱介凡
出版者：文史哲出版社
http://www.lapen.com.tw
登記證字號：行政院新聞局版臺業字五三三七號
發行人：彭正雄
發行所：文史哲出版社
印刷者：文史哲出版社
臺北市羅斯福路一段七十二巷四號
郵政劃撥帳號：一六一八〇一七五
電話886-2-23511028 · 傳真886-2-23965656

實價新臺幣四〇〇元

中華民國九十六年（2007）十月初版

ISBN 978-957-549-746-0

文藝生活 目錄

文藝生活　自序

歷史性記述，
教人深思。
許許多多談文論道的高士，
早已乘鶴仙去，
神遊九天之上。
九六高齡的壽堂，
猶然挺腰漫步，
踽踽獨行，
嘯歌原野，
爲此書付刊，
付予讀書人的校勘。
夢魂縈繞，
道說無盡的感懷，

不欲太蕪雜，
已刪除好些篇章了。

歲月如流，
好多年過去耶！
竟無有第四次全國文藝會談的訊息，
其文藝起飛乎？

民國九十六年九月三日　臺北

寫這每一篇文章的時候，再也沒有想到，今天會結集成這麼一本書。它的積極意義是，為中華民國文藝史作見證和註腳。有些鄙見，足以讓批評家引申為若干論點。也有些情景與素材的陳述，可能成為創作的提引。

這個集子，本以收納論說文字為主，為使其活潑些，見文藝生活的情趣，乃添入幾篇相關的小品。高明讀者，或不難看出。

還當指出，是這五十年來，自己在臺灣地區，所感受文藝生活多彩多姿的意趣，才有了本書的出版。

或有人認為，文藝生活只是詩人、作家、藝術家、音樂家和文藝批評家，以及喜好文藝的朋友們，方可能享有。事實上並非這樣。就以大衆傳播的報紙、雜誌、廣播、電視來說，咱們日常閱讀、觀賞、聽聞，一天二十四小時，少有不與文藝生活發生關聯。譬如電視，新聞節目不過佔五分之一，其餘絕大部份乃是音樂、戲劇、舞蹈，以及其他種種色色娛樂、體育、社教、特藝等節目，又何一不屬文藝生活範疇。

越是富裕的社會環境，人們越是需要文藝生活；文藝生活的比重也越是加大，物質生活反變得微乎其微了。

民國一百年以後的讀者，看到此處，您會怎樣想，怎樣說我呢？太空時代的科技，核子戰爭威脅的陰影，這未來的二十幾年歲月，畢竟教人難預測，究有什麼變化？不過有一點，咱們可以確切的肯定，不管有什麼巨大的變化，文藝生活不會被削弱。

廣播在電視發明之前。目下，我們每家除了置備著大小不同的多種收音機，還有音樂性優美十分的音響設備。更加上錄影機、放映機。這可是五十年前香港、上海大亨人家，做夢也不會有的「文藝生活裝備」，是不是？壽堂寫讀中，恒以聆聽戲劇、音樂廣播節目爲賞心樂事。每每想起盧溝橋事變前，那五六年的往事，全中國人收聽中央廣播電臺的節目，莫不感到異常喜慰，強化了對於國家的向心力，增加了許多時代新知識的認同。尤其是在敵寇鐵蹄壓境的河北省，那許多純樸的鄉村。有趣的情形乃是，好多好多阿公阿婆，喜聽兒童節目，彷彿時光倒流，彷彿自己變小了，有若兒時，受著那年輕女性節目主持人的撫愛和激勉。這種廣播節目之於老人家，正是百分之百的文藝生活感受。收音機傍，北方老年人慈愛爲懷的臉嘴，永銘我心。

如今，臺北市每年有兩度爲時頗久的藝術季，世界高超的音樂家、舞蹈家、戲劇家，都有前來表演，而本土名家也有參與，分庭亢禮，中國笛子與洞簫，特呈其有名中國詩詞的韻味。中西文化之融合發展，乃非僅爲激情的議說而已。壽堂偶能抽出時間，躬逢其盛；而廣播、電視爲之轉播，咱們在家欣賞，不走半步路，不花一文錢，不必正襟危坐，不用禮貌周全。

這種高度文藝生活的享受，乃是當年傲視中外的慈禧太后，再怎樣日費斗金，那殷勤伺候的昇平署，縱使內務府大臣，總管太監、女官、宮女們掙斷了脊樑筋，也辦不來的事。用餐看電視，家家戶戶，莫不如此。豈非所有海峽兩岸現代中國人的文藝生活，都超過了當年的皇太后？她是中國歷代王朝最善於享受美衣、美食、美容、美身肢、美生活的，最後一個權傾天下的皇太后。飯桌上看電視，壽堂屢屢興起這番感慨，心潮翻騰。

距壽堂寓所不遠，有家木屋咖啡店，長玻璃窗，面臨巷道，四壁滿懸書畫、陶瓷、雕塑、編織品，不多的藝術家們常來此盤桓。

民七十三年，李霖燦兄惠贈所著「藝術欣賞與人生」，內容豐盛，識見超絕，而圖文並茂，無「雄獅美術」的條件，硬是難於出版。若眞能稱心如意的「藝術欣賞」，這本書要得加厚一倍，把每頁擠了好幾幅書畫的圖片予以擴展——出版成本提高，售價亦必提高好多，市場銷售又有問題。除非，這是普及本，另出豪華本，價貴它四五倍也不必計及。

霖燦兄把他待完成的「中國美術史」，摭其精粹，儘先撰述在這本好書裏。十多年來，我特別關心他美術史巨大工程，總不忘查詢、催促、勸說、提醒，殷盼他以之爲自己第一優先工作，不要讓他事分了心，而生岔頓。喜得我即時函告他，定要去木屋啜咖啡，閒情逸致，細細賞味這本詩情畫意，深透哲理的好書。

一年過去了。一直未去這木屋。我總想須是夫妻倆並肩而往，誰知年來青體力大衰，日夜需得不離左右的照顧她。即使乘車行，但她不耐久坐，一絲兒也提不起這種興致。那麼，何不偶而獨自去？無奈壽堂一生不慣「吃獨食」。也是這一年諺語工作特忙，硬是抽不出工夫。要麼，晚上，又苦於自己沒有夜間吃咖啡的能耐，連茶也不好多飲。

「藝術欣賞與人生」這本好書，常在案頭，早經瀏覽多次，仔細欣讀，則尚有待。掃興的是，時不我予，此木屋咖啡獨特情調，今已變更無存。其實，壽堂這秋暉書屋，案頭東北兩窗，庭院蒼翠滿目，四壁圖書幽香，只是無侍女端銀盤敬咖啡而已，要想瀟灑點的讀書生活，又何必求之家外？

諺學同道古屋二夫教授，醉心於從中國古典小說集諺，日文譯之，編爲辭典的宏願，孜孜行之，念載於茲。他每年必自日本來臺北兩三次。但來，不管怎麼忙，定至故宮博物院參觀。他夫人古屋里子對故宮尤感興味，恨不得在外雙溪尋一旅邸住下，好隨時去觀賞。壽堂跟所有國人一樣，十分喜愛這些國寶，卻是好幾年不曾親近它了。

每星期總接到三四處畫展請帖。告罪的是，抽不出身子前往。非如十幾年前那樣，可自由自在，想去那裏，就去那裏。

本書所收篇章，有一些藝文活動的記載。關於全國文藝會談，國軍新文藝大會、輔導、訪問等情況的雜述，以及壽堂所作相關文學、藝術的論究。壽堂所寫者，多半是人家忘懷了的，或疏於注意的課題。

文藝界早有共識，儘管咱們經濟起飛，但文藝方面好些事，始終欲振乏力。例如中國文藝協會「文藝生活」這份會刊，以前還能若有若無不定期的出那麼一兩次；自從前幾年會所遭火災，現在再也恢復不起來。

這五十年，自由中國文藝欣欣向榮，全憑這些工作者獨自的埋頭創作。諸如在臺北的小說作家，比前此集中於上海者多兩三倍而不止。書畫、篆刻，也比往年蘇州、北平爲盛的情形，大大超過。音樂家、作曲家、攝影家，也盛於昔日。幾乎每人都擁有一部攝影機，他一年當中，至少也挑選得出在幾幅合於藝術水準的作品。傳統詩，現代詩，蓬勃極了。

只是，文藝方面某些需要群體經營、合作提調的事，不及抗戰八年的武漢、重慶時代。不知是否須得等待這兩三年景氣低迷時期過去，才能有所突破。

談到群體與個人，本來藝文之事，它必定要是創作者獨立自主的思考、感受與創作，才能爲功。也即是說，所有藝文創作的過程，定然是完全的個人活動，在此過程中不能容納第二人參與。群體方面，不過嚶鳴求友，盡配合之功而已。

那麼，本書這些記述，確是爲這三十多年的文藝活動，以及壽堂在這方面的思考、論證，留下了難磨滅的歷史痕跡。

此外二十幾篇長短不等的文字，雖不免外行人說外行話，但都因有其獨特感受、識見，方形諸文字。

由於「愛好國劇者的外行話」，後來所有國劇與地方劇演出，都打字幕了。

但是，「藍與黑編導上的疵失」，在「古寧頭大捷」影片上，仍未去掉。戰場的官兵，竟然服飾整潔，一點汗水、血、塵土、砲火煙屑的痕跡也沒有，倒像是軍校學生，星期天放假，全身光亮筆挺。按說，編劇、導演、演員並沒有拍攝電影的工作人員，應都能體認戰場實情爲如何，不知怎會鬧出這笑話的？

「鞍馬踩鐙繪事質疑」，問題存心者十年之久，復經多方考究，方下手撰述。

「國父的坐姿銅像」，是寄給王雲五先生的。寄出後，未得長者回音。那幾年他事忙，而年歲大了。究竟發生作用沒有？未有查問，反正自己盡了心，也就罷了。但似乎他有交給有關方面去。因爲後來 國父紀念館的新塑像，是本國彫刻家製作，沒有了中山陵那座塑像的缺點。惟獨此文未經發表，卻在某處看到，也有文藝界朋友論到此事，未知是否心所同然的緣故？

朱某而談音樂，更見笑大方。現代畫，愚夫俗子的看法而已。

前輩先生不忘「智者千慮，必有一失；愚者千慮，必有一得」的古訓，而看重外行人的浮淺意見。齊如山「國劇藝術彙考」，書一出版，即派專人送下，那是民國五十年陰曆除夕之晨，又逢星期天，乃一口氣從清晨到半夜讀完，正月初一的一點多鐘，遠近爆竹聲不絕。一生中還不曾有過這樣大年夜的讀書生活——也是家事通由青一手包辦，我才能這樣做書獃。初二給齊老拜年，欣談此書，初三晨間寫下了讀後感。不到兩個月，他猝然逝去。

「國劇特色——禮」，也是內行人較少體會到的，他在唱、說、做工上，這樣子表現，已成習俗，再也不會注意到這其中有什麼不同尋常。齊老論究國劇，深者、淺者，大者、小者，面面俱到，似乎沒有觸及到這一點。壽堂這發現，若陳說於齊老在世之日，不知會怎樣欣喜。於此，更可以說，這特色在世界戲劇史上，也是好了不起。即使是宗教性崇拜天神的戲劇，也沒有如國劇這樣多禮敬的表演。

各篇章大多經載於全國第三次文藝會談論文集，文藝生活，文壇，公論報副刊，聯合報副刊，青年戰士報副刊，中央日報副刊，中華日報副刊，中華文藝，幼獅文藝，青溪，文訊，反攻，世界畫刊，中央日報藝文櫥窗，晨光，新生報樂與藝，電視周刊，國際視聽月刊，中國語文，大華晚報歌之頁，謹對這些報刊及印刷廠執事的朋友們致謝。所有印刷廠，似乎都是光亮欠差那麼一點兒，油污污的，又嘈雜十分，這些朋友們一年四季工作最辛苦。

就全局看，我想，中華民國總有這麼一天會到來；或者樂觀的說，咱們已跨步直前，正要抓住這個情態：國家社會和個人，有其百分富泰的文藝生活。這些年來，文藝界朋友不免多少有些氣餒，政府用於農業補貼，動輒以億計，縣市地方拓寬道路工程，亦復如是；文藝補貼則點點滴滴，有時更乾涸得點滴也無。話也許該換個角度來說。我們全般的文藝生活，今天比之十年、三十年、五十年前，確是上昇了許多，如前所述。瞻望未來，只有更見局面之開展、輝皇，是則本書付予感慨的一些遺憾事相，乃緣花木尚未逢春也，信乎？

民國九十五年夏，決心封筆，不再爲文藝創作及學術論著，劉先雲兄之逝，次年元月，寫短文悼之，破了例。

九十六歲高齡，即人生最後兩部書，「白話文跟文學創作」，以及本書。得文史哲出版社迅賜出版，主事者彭正雄先生所付與的心力，教我十分感激，謹致謝忱。也代表廣大讀者，懇摯的感恩文史哲。

民九六、十、七

臺北文藝界大元山之旅

自右至左

後排	前排
郭嗣汾	鳳　兮
葛賢寧	劉心皇
覃子豪	韓道誠
梁中銘	墨　人
韋雲生	張自英
司徒衛	李辰冬
劉厚安	□□□
壽　堂	聶華苓
劉　枋	李曼瑰
蘇雪林	林海音
王紹清	柏　楊
王潔心	

何凡、彭歌未現身此歷史畫面中

空前絕後，難得的文藝界大元山之旅，全程係青年寫作協會主催，由柏楊妥善安排。參與者無不欣感非常。時民四十五年四月，前輩蘇雪林先生，全程活動，不稍怠倦。有「上大元山」（收入所著「臺灣紀遊」）記之。

馬祖情勢緊張中的訪問

民國四十八年五、六月，馬祖群島，連遭砲擊，情勢緊張。六月十四日，天南地北，同是臺北人的中國文藝協會一行，隨了總政治部主任蔣堅忍，還有軍歌施教團的花木蘭們，乘中字號運輸船，赴馬祖、高登訪問，留下這幅歷史畫面。自右至左，程其恆，王藍，壽堂，王鼎鈞，鍾梅音，墨人，謝吟雪，張大夏，龔聲濤，趙友培，師範，吳裕民。梅音熱愛前線官兵，雖抱小恙，仍如期而至。她才氣清秀（劉厚安評語）我則特欣美她的靈氣。寫「馬祖隨筆」，「詩情畫意的高登島」（收入「臺灣紀遊」）以記之。

中國文藝界聯誼會
長者興致高

中國文藝界聯誼會，密集活動之際，多在總統府後附近大餐園，每月午間舉行，全賴詩人曾今可主持張羅。照片中，自右至左，可辨識者：呂訴上，曾今可，呂天行，魏希文，壽堂，陳紀瀅，田曼詩，龔聲濤。馬壽華，于右任，莫德惠，賈景德、周樹聲諸老。無不興致勃勃，常有與會。此係民國五十年之際的歷史畫面。

學的認可

他歡然道故，首先
諺語，我早知道。」
鉛，穆中南。」中外
幽默大師。卻忽略了
大學語言學博士的出
之初，即讀到他「語
「迪甚多。在其晚年
有所請益。也是由
究，早經滿溢。那
句話的完全意思，
語的蒐集與諺學研
了解。」抗戰前，
煙雲」（英文，有
。他的幽默，一句

聶華苓及其兩千金
—兼說馮馮—

約係民國五十五年前後，聶華苓大妹寄給壽堂夫婦，她跟兩侄女在美國的照片。當初在臺北市松江路聶府拜謁聶伯母，倆個外外，還是小不點。

伯母最是疼愛其時馳名文壇的年輕作家馮馮，視之爲么兒。華苓三姊妹中的唯一弟兒，空軍健兒，飛逝九天之上，迎風而去。馮馮去國四十多年。海外閱歷，超乎我輩多矣，應更有利於文學之創造，無奈他吝於用筆了。八十四年之際，墨人特有專文「久別蓬萊一馮馮」（收入他「紅塵心語」，民八十五年一月，臺北圓明出版社刊）記之。此亦屬臺北憶舊重要篇章。

中外大儒歡聚臺北

後排	中排	前排
呂訴上	壽 堂	芮逸夫
婁子匡	宋文薰	衛惠林
吳瀛濤	黃得時	艾伯華伉儷
蔡苑清	王詩琅	齊鐵恨
劉枝萬	陳奇祿	周學普
李亦園	林衡道	鮑克蘭

民國五十六年十二月廿七日，中國民俗學會歡送艾伯華返美。那七八年裏，艾教授每當暑假，即來臺灣，爲田野工作。他原係德國人，現籍屬美國。自民國十九年始，即與婁子匡結爲同道。婁教授與北京鍾鼎文，係兩岸碩果僅存的民俗學元老，創學會於杭州。今都爲逾九十高齡的長者。壽堂民國八十年夏，探親大陸，特爲兩老傳遞了口訊。婁老念念難忘，西湖之濱民俗學會舊址，歷經滄桑，猶無恙也。

壽堂、盧郁斐、滋蕃

山水俱樂部

民國五十七年初春，在臺北，文友們自由自在，有山水俱樂部的組合。趙滋蕃興致特高，遍遊北臺灣山林水涯，狷介若徐高阮，也極樂意前來。如青少年一樣，特製了三角旗，導引大家前行，謔浪笑傲，風趣橫生。也特發了有遮陽的便帽，利於野遊。滋蕃性情中人，豪邁瀟灑，留學德國。居香港時，以「半下流社會」長篇小說享譽文壇。來臺北，於中央日報副刊專欄，連刊文藝評論，特富卓見。後至東海大學主持文學講座，以迄猝逝。郁斐，佐助孫如陵，係中央日報副刊副主編。

立法院晚宴：陳紀瀅，民六十六年二月一日在立法院設晚宴，請吳俊才，邀諸友好相陪。今已多人作古。
前排左起：左曙萍、何容、吳俊才、趙友培、壽堂
後排左起：穆中南、劉紹唐、鍾雷、蔡文甫、胡秀、紀瀅

民國七十四年前後，法國漢學家高達思，在中央大學法文系任教。一九八三，她以「現代中國諺語」獲巴黎高等社會科學研究所語言學博士，時年三十六。通多種外國語文。她每周來壽堂處半天，探討中國諺語。右坐者，係助我編纂「中華諺語志」索引七位女士之一的張寶仁小姐。

文藝界參觀首條高速公路將竣工

臺灣首條高速公路，民國六十七年十月卅一日正式通車。此係六十三年五月廿一日，高速公路工程局邀請文藝界參觀，其初具規模的形貌。大道月刊主編張雪茵大姐，策劃這事，蒞臨者女士比男士多。她們戴太陽眼鏡者佔了一半，不易辨識。看得清楚的，劉枋，艾雯，羅蘭，郭晉秀。右邊是，田源，尹雪曼，蔡文甫，鳳兮，鄧文來，王集叢，彭品光，宋　膺，王賢忠，主人，陳紀瀅，壽堂。高速公路，今營運三十載，早已更見規模，卻竟然適應不了社會生活的進步，時時感受塞車之苦。

日本古屋二夫中國諺語研究遺志待伸

此係拙著「中國民俗學歷史發微」（民國八十四年二月，臺北，渤海堂文化事業公司版）篇章之一。

古屋，一九一五年生。畢業日本東京外語學校，專攻中國語文。一九三九，派到中國華北日軍的軍官教育隊，擔任漢語教學。之後，調到長春的中大銀行，從事調查研究工作。二次大戰後，返日本，任教大學，也不乏臺灣去的中國留學生。他從中國經史子集，唐宋元明清，以迄現代小說、戲曲、研究中國諺語，著述宏富，民國六十八年起，但有假期，即來臺北，時至我處，爲深長研究。過從六七年之久。民國七十八年，長期住院，不治，而逝。

關山信男，係古屋在中京大學的弟子，現在愛知大學任教，來信說，當完成古屋未竟之志，編纂日文「中國諺語辭典」的編纂。

此照片，取自林海音「剪影話文壇」（民國七十三年八月，臺北純文學出版社版）「諺語之夜」。林大姐在家歡宴我等，並攝此歷史性的圖片。

古屋夫人每同來臺北，她特欣美故宮博物院寶藏，前往觀覽，恨不得就定居博物院附近才稱心。

右起：林良、黃得時、夏承楹、王藍、古屋、壽堂

民八十五年正月十三日文協在臺北三軍俱樂部團拜。壽堂與王藍、鍾雷兩伉儷。未幾，他倆先後飄然仙逝。

俄國漢學家李福清教授

李福清教授，比壽堂整整小二十一歲，此係民國八十年三月，在臺北淡江大學校園拍下的合影，他通曉日、英、德、中四種外國語文。於中國古典文學，民間文學，皆有深刻研究。經摘錄他這方面論文（1951～1987）百餘篇篇目，寫「俄國李福清對中國俗文學的深厚研究」（收入「中國民俗學歷史發微」）他現爲各大學客座教授，研究著述之勤，較青年學者猶且過之。

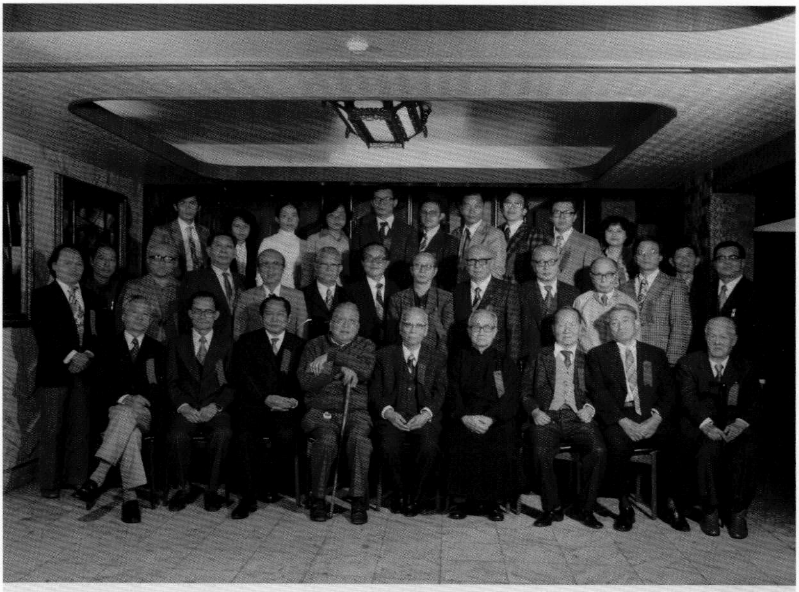

臺灣風物創刊三十週年紀念會與會人士合影70.10.24

華欣文藝作家餐敍合影 78.元.18

民間文學國際研討會　民國 78 年 9 月 4 日至 7 日，在臺北市舉行

記何凡文集發表會

臺灣經濟起飛，打破了國民革命軍北伐，那時際，史學家、政治、經濟學，社會學，教育學，以及藝文界的一個甚囂塵上的共識——「列強侵略下之中國」，桎梏在身，農業災害連年，工商業不振，白銀大量外流，吸毒人口多得可怕，不爲印度、安南、朝鮮之續，幾希。那時，誰能料想到今天，國際貿易呀，外滙存底呀，連美國也眼紅。

只有文化一環，難以與經濟並駕齊驅。劉賓雁來此，慨乎言之：酒色財氣。執政當局非是沒有見到，早已大聲疾呼，一九九〇。務要大力擴張文化作爲。

「何凡（夏承楹）文集」發表會，選在臘月二十二，中國年氣氛濃厚，臺北市的中央圖書館舉行，好教與會者深深體味，這是個極具歷史意義的聚合。

親切溫馨，談文論道的三個小時，七位先生、女士登臺，爲即興的發言。也有站在評論家嚴肅立場，爲何凡文集評鑑。主人伉儷，充滿回憶、感激與未來期望的激情，說了不少眞心話。

綜括林良、彭歌、李國鼎、余夢燕、殷允芃、林海音、夏承楹主客們陳述的一些高見，特有幾點，深獲我心，以爲有發揮發揮，提筆寫記的必要。很可能是，主人不願鋪張。豈僅不予錄影，似也未予錄音，留下歷史性的音、影檔。社會上，早二十年，即盛行紅白喜事的錄影。要說，縱使作十百家紅白喜事，憑其價値論斷，能比得上這個發表會嗎？亡友陳紹馨教授如果還在世間，他定然樂意撰述一部社會文化史，何凡文集乃屬取之不竭，用之不盡的重要資證。或許，會有學者將這般作爲。一如紹馨當年，集五六十人群力，作社會學、經濟學、現代史的田野調查，與雷柏爾（Arthur F. Raper）全漢昇合撰「臺灣之城市與工業」（民國四十三年，美國國外業務總著駐華共同安全分署、臺灣大學合作出版），其時，如有何凡文集可參證，他們這部書的論究，部分的資料採證，就會省力多矣。

紹馨與楊雲萍、戴炎輝、蘇維熊、黃得時幾位，都爲臺大同輩份的老教授。何凡夫婦也與這幾位相熟。

咳，又跑了野馬。只是，這一點也並非廢話。

請問，究竟要強調的，有幾點呢？

整體的何凡文集，可視之爲「社會哲學」。

它的歷史感與時代使命。

一九九〇後的十年，國家社會的道路，走得對，百年恥辱免除；否則，萬劫不復。何凡文集，字裏行間，隨處有此資訊與關切。

「在蒼茫暮色裏，加緊腳步趕路。」既然，何凡兄的體能、心境、志趣，把八十歲顚倒了來寫，一如十八歲意興風發，「玻璃墊上」，自是不必再下筆。但是，長長短短，不拘泥於專欄，海闊天空，仍得多寫下去才是。當前國家社會，一些缺乏、脫序、短視、偏差，要有如何凡這樣，四十載專欄作家的功力，識見清明的高人，溫柔敦厚的君子人，予以評說、指引、嚮導。他雖當仁不讓的，確爲「臺灣經驗」首屈一指的專欄作家，卻從不曾冷諷熱嘲，指著鼻子罵人，也不肯阿諛，隨便恭維人，說不負責任的好聽話。

好哪，事實上已經如衆人期望，這樣在做了。何凡不讓大家失望，元月二十日中國時報人間副刊，載出他的「浮生漫記」——「住商雜居、良民受害」。更重要的是，踏出了「玻璃墊上」只牢守在聯合報的界限。我們讀者認爲這是極好的走向。

一個屬於大衆的作家，總要能不自守藩離。

得像彭歌一樣，野馬任馳騁。

何凡說了一段語辭調侃的話頭，大家以爲幽默打趣，聽了，當場笑笑，不甚置意。我則以爲必須特爲指出。他笑著說：純文學出版社一向作法是，作者的書一出版，立即將全部版稅付予。他旣屬自己人，就用不著把賬算得那麼清楚。

按，純文學之將全部版稅一次付予著作人的作法，乃是臺灣許許多多公私出版機構所難以作到的事。虧海音擔當！也足證她之厚待著作人。不過，何凡文集書册太龐大，她投下的資本給停滯住，一兩年內不能運用，也幸虧自己人，不必書出版即付全部版稅，否則，海音就夠瞧的哪。

這部大書排印、裝訂，短時間出版，少見校對上的錯誤，效率之高，也是極可稱道。出版界眞應見學見學。有些出版者、印刷者、裝訂業工作之差池，幾乎跟臺北市人所共見的道路、橋樑、下水道工程一樣，它充分表現了「一丟十八休」的散漫、迂緩作風。

所有參與何凡文集發表會的朋友們，看了右述文字，會同意，我所綜括的、強調的，確屬七位先生、女士們的意見，略略攙進了些朱某發揮的部份。這篇短文是否應該就此打住呢？還得嘮叨兩句。

歐美學術界與文藝批評，尤其是研究生碩士、博士論文的經營，這二三十年來，盛行對於中國現代作家的各別研究。這何凡文集，自是極可省力的資證取得。若是中國學子作爲，體味上必達到深微的境界。

純文學季刊，想必會把發表會嘉名簽名，予以原蹟印出。那天，與會的青年俊彥非少。這一歷史文獻，三五十年後，乃極度可珍視的文物。

民國七十九年元月二十日

以文會友

為期兩天的國軍文藝大會，自其影響來看，這應該只是個起點。接承而來的，當是全國性的文藝大會，假如安排在 國父百年誕辰的時際來舉行。那往前設想，則光復大陸之初，更要在南京城，好好的擴大舉行。

文藝創作的事，我們嘗信服兩個大原則：

自我埋頭創作，勤勤懇懇，經之營之。這是一種孤獨的、長期的努力，你務須完全依賴本身內在之所有，來切切實實的幹。

其次，以文會友。這是何以搞文藝的人，極易開敞心靈，氣味相投。如今時代，少有文人相輕。這種今昔變化，更呈現其一系列的事態：現下的文藝工作者，無不歸入平易正常的德行，不像前幾十年那樣浪蕩放縱，不修邊幅，裝模作樣，嚇唬世人，騙弄自己。

獨自的埋頭努力，合群的以文會友，這兩種習性，在文藝創作的活動上，是缺一不可的。禮記、學記一再說：「敬業樂群」，「獨學而無友，則孤陋而寡聞。」

偉大詩人李白、杜甫，風格品性，各異其趣，而交情之厚，不僅在中國詩史上，特見光輝，就在古今世界詩壇，也少有人如他倆這樣傾心相知。六一居士歐陽修，與其友尹洙、梅堯臣、蘇舜欽，門下士蘇軾、曾鞏、王安石，相互呼應切磋，使宋代詩文，至於高的境界。元曲四大家齊名：關漢卿、馬致遠、王實甫、白樸。明代，江南風流才子唐寅、祝允明、文徵明，十分友善，民間傳說，他三人總爲一體。更有趣的是，明清之季，走江湖說書者柳敬亭，與雅人學士、將帥豪傑推心置腹，廣遍交遊，詩文讚美，傳於後世。袁枚退居隨園，友天下士，開風氣之先，倡導婦女文學，抒發性靈，放懷高逸。降及近代，則北京、上海，成爲結合文藝人士的中心地處，如國劇藝術界名角們的通家之好，以及南社詩人文士同聲相應，同氣相求，翕然吸引了全國士君子千人之衆。蘇曼殊上人，身世飄零，才華高絕，他一生最多「嚶其鳴矣，求其友聲」的情境。若非以文會友，蘇曼殊就不成其爲蘇曼殊了。可見，藝文之事，沒有不敬業樂群的。

二十世紀的當代，胡適與徐志摩，朱自清和俞平伯，吳宓跟吳芳吉，其知心合意，情逾兄弟，談文論道，筆墨品量，更是人所熟知的了。

目前自由中國，則文藝界聯誼會，每月五日定期聚集，男女老少皆有，長者的興致尤高。仕女們，能文者多，月月有慶生酒宴。這兩方面，持續行之，都已逾時十年。小說作家，前一時期，有春臺雅集。更有從大陸相沿的粥會，每詠吟於山林水涯之勝。畫家，音樂家，影劇界，也莫不聲氣常通，同好相親，互重互助，深得合衆樂群的喜悅。

中國文藝協會，中國青年寫作協會，臺灣省婦女寫作協會，十多年來，默默的做著團結、合作，以文會友的事。中國文藝協會更把他的會員，分別編組了十八個委員會：小說創作，詩歌創作，散文創作，音樂，美術，話劇，電影，戲曲，舞蹈，攝影，文藝論評，文藝教育，語文研究，民俗文藝，新聞文藝，廣播文藝，國外文藝工作，大陸文藝工作，俾得各投所好，各展其長。

有那少數獨來獨往的人，不喜歡參加社團活動，似乎孤芳自賞，置身世外，他仍然有其相知的一夥，而不因此旁立門戶。熱心於社團活動的朋友，也從未歧視那獨來獨往的文藝工作者。我想，這正是咱們民主自由的原則，各行己知，由人所便。這一方面的人和事，稍等它時過境遷，我樂於撰文敘述。可安慰的是，這少數特立獨行者，都與我有很好交誼，不僅對我不見外，對其他朋友們也一樣不見外，他確乎「慕賢而容衆」（禮記儒行篇），不過，或重視自己時間，或者脾性關係，不樂意參加社團罷了。

在西洋近代，則歌德與席勒，拜倫與雪萊，雨果與巴爾扎克，愛默生與惠特曼，屠格涅夫與白林斯基，他們的交情，跟藝文創作批評之相互鼓舞切磋——諺云：「文章齊頸，要人提醒」，一直是世界文學史上的佳話，儘管其個性、文筆怎樣不同，像那放蕩的拜倫與秀雅的雪萊。

文藝是無國界的。以文會友，更多的是，國際間的交遊。像富蘭克林出駐倫敦、巴黎，與英法文藝界的往還，屠格涅夫與西歐人士的遇合。最有意思的，那蘇格蘭人的英國文學家卡萊爾，他又是評論家、歷史家及哲學家，其名著有席勒傳，法國革命史，腓特烈大王傳，英雄與英雄崇拜，過去與現在等。卡萊爾，性情狷介，不能容入。一八三三年，愛默生由美洲去歐洲旅行，與卡萊爾碰見，兩人個性完全相反，而居然建立友誼，四十年不斷的密切通信。歌德，則更被卡萊爾視爲唯一的恩師。巴黎的一些沙龍，不知使藝文界結成了多少國際知交。

今天東西兩大畫家張大千與畢加索之一見傾心，所以也就是極自然的事體。

禮記、儒行篇，其「自立」與「交友」云：「儒有忠信以爲甲胄，禮義以爲干櫓，戴仁爾行，抱義而處，雖有暴政，不更其所，其自立有如此者。……儒有合志同方，營道同術，並立相樂，相下不厭；久不相見，聞流言不信；其行本方，立義，同而進，不同而退，其交友有如此者。」

這兒，「久不相見，聞流言不信」，正是我們民主自由世界，對那些身陷鐵幕的同文們所抱的態度，所持的信念。決不認定他們遭洗腦磨難，會變得邪魔，因爲藝文之事，不論其方向路線如何，總必爲人性的發揚。這也是，近十多年來，凡談到文藝的事，我總要大大呼號：咱們在此間的朋友，不要忘了大陸的文藝界。且深深相信，那勝利光明的日子裏，大陸上遭劫磨的文藝工作者，其中咱們以文會友，更有著無盡的血淚，無盡的歡喜，其感動藝文心靈，乃是宇宙間最悲愴、最莊嚴、最奮興、最弘偉的樂曲。由此而匯集爲無盡創作的源泉，泉流活活，其顯現在文學藝術各部門的新收穫，要構成爲中國文藝史的黃金時代。

載民國五十四年四月二十二日中央日報副刊

海潮音渺

民國三十八九年，臺北幾家報紙、辦得較出色的，是中央日報。它是由南京遷來，也有另起爐杜的意味。其時，我住桃園鄉下，每天頗以欣賞中央日報副刊與其「婦女與家庭」爲樂。

鍾梅音、林海音、音，三位女作家的文章，尤其吸引了好多讀者。由於跟齊鐵恨先生來往，首先結識了林海音，那時他們都在植物園的國語推行委員會工作，而這個會跟國語日報是分不開的。梅音住蘇澳，她的首本散文集故名「冷泉心影」。四十年夏，我遷居臺北，不久，就認識了梅音。還有一個音呢？是那位作者的代名嗎？還是她倆位中之一，於署名時，略去了海和梅？按說，這點小疑問應該問問她倆。見面時卻從未想起。事隔將近四十年，那疑問存之於心的當年景況，記憶猶新。

梅音逝去已是三年。

跟梅音的友誼，有兩點特別情況。

一、她夫婿余伯祺是江蘇宜興人。「宜興鄉訊」月刊，是三十多年，在臺北少數同類刊物中，編刊得最起勁的。難得它從不曾脫期。我集錄研究諺語，最是注意這類刊物。自從伯祺兄寄了這份鄉訊給我之後，我每月不斷閱讀這刊物，持續了三十年。就其資料並洪浩培兄影印的三種「宜興縣志」；五十六年寫了「宜興人的鄉邦歷史精神」，乃是所撰「中華諺語志」地理風土江蘇宜興這一部份的特別寫法。一時我彷彿變成了宜興人。

宜興風景特佳，當年曾十分吸引了蘇東坡。我還在想，那年梅音這宜興媳婦回去了，不知會產生出多少清妙瀟灑的好文章哩。

二、梅音為福建上杭人。上杭屬閩西，近贛、粵邊境，汀江流域，地方頗偏僻。她再也不會想到，我少年時代曾在她故鄉住過好幾天，留下了一份特別的憶念。那時際，她才五六歲罷。

梅音夫婦，帶著一兒一女，在臺北市住了三處地方。杭州南路，南京東路，光復南路僑安新邸。還一度移住高雄。她這四處住家，我都曾拜訪過。高雄，我適逢出差，順便去看她。杭州南路，僑安新邸，曾去她家作客，一次有陳紀瀅兄在座。

不久，她一家人都出國了。五十五年「海天遊蹤」出版，附有彩色照片插圖，印有兩册，列為「中華大典」之一。我想，這應是她夫婦生活最愜意的一段歲月，此書的許多記述足證。

梅音文辭，清麗瀟灑，一如其人。伯祺高昂爽朗，語音似杭州，誰又能想到他是宜興人。

應是五年前罷，梅音難治之症回臺北就醫，伯祺兄放下國外業務，伴護回來。我曾去臺大醫院神經科病房看她。她已不大能講話了，只是眼神顯示其思想，感情。第二次去，特地帶了「說福建風土諺」刊本送給她，不知她可有看過一下沒有？

之後，聽說他養病中壢，而且還發願爲同病者組織濟助聯盟。還是什麼醫療中心。我好爲她慶幸。那時期，伯祺兄有趕到美國去，又匆匆回臺北。我倆只在 國父紀念館朝晨散步，相遇於途中。然後，聽說她遷到榮總治療。伯祺兄還小有抱怨，說梅音對主治大夫，信心常有猶疑。

我正打算那天抽點工夫去榮總探視，消息傳來，她已逝去。未接到訃聞，也疏於注意到中央日報上的訃聞廣告，不知她是那天出殯。

據應鳳凰「作家書目」第一集（民國六十九年二月版），鍾梅音留在世上有十七種散文著作，另小說、遊記各一種，比起同時代的某些人士，應寫、可寫而終於未寫，可說人生未交白卷。

她留給我一個美好的憶念。是五十五年秋還是五十六年夏，她忙於辦理兒子出國留學，我在臺北市的重慶南路街頭遇見。她穿身洋裝，頭戴大草帽，風致綽約，路人莫不閃開身子，側目而視，因爲臺北市的女士們，只習慣於在陽光下打小花傘兒。

還有，金門、馬祖之行，同遊好多天，她也留下我許多記憶，但不及這次重慶南路的街頭邂逅。因爲自茲，她一家人就去了國外。

民國七十四年八月廿日

憶依風露

——特論他跟黃思騁、莫泊桑、柴霍甫的短篇小說

文學罕有的北方漢子，身高一七五公分，方面大耳，虎背熊腰，豪壯勇武氣慨，一口遼寧腔的國語，眼神敦厚，雖乍然初見，也教人立即想到白山黑水，那遙遠的地方。

依風露（一九一八——一九九六）這位朋友，似乎有點大而化之。廣大讀者群，卻無有不為他感性深微的小說描寫，而感動得熱淚直淌的，尤其是「少女情懷總是詩」的這一群。民國三十三年，抗戰勝利前夕，他自傳體的長篇小說「紅愁」，轟動前後方，弟妹侯瀅，即是心儀此作家的諸多大小姐之一。若說「紅愁」是他倆半世紀美滿姻緣，牽成的紅線，一點也非詩文、謠俗喻美之辭。

日前在依府，問起風露近十多年的著述生涯，弟妹回到她寢室，取出一個陳舊褪色的小皮夾，內中保藏著家族歷史珍品——灰褐色土紙條兒，是民國三十二年，西京圖書雜誌審查委員會，發給風露送審「紅愁」原稿的一份收據。半個多月後，請侯瀅找出那收據，想將其月日、字號及相關事由，錄入本文。弟妹卻一下子找不到了，只找到五十多年前一本紀念册出來。

抗戰期間，一切出版品，要先經審查，才能付印發行。我手邊碩果僅存的兩本書，是極好例證。

王蔭樵　西京指南　民國三十年五月，中國文化服務社陝西分社發行

風土什誌　第一卷第一期　民國三十二年九月，四川成都出版

這兩書刊，封底外頁，近書脊處，分別載明「西安圖書雜誌審查委員會發給第三十二號審查證」，「四川省圖書雜誌審查處審查證雜字第七〇三號」。而學校、機關書刊的出版，則無此限制。例如中央軍校第七分校那八年裡，所出版的大量書刊，都無需通過這審查，十六開巨型的「力行月刊」、「王曲月刊」皆是。我的第一本書，「日本的成功與失敗」，民二十八年七月，即係第七分校出版。

我這部書，竟未有留存。風露民三十二年，在西安出版的「小母親」（短篇小說集），「遠簡」（散文集），三十三年出版的「紅愁」，本有帶到臺灣來。一次颱風水災，毀壞無餘。

我倆同客長安，卻以我住城南四十里的王曲鄉，緣法未到，竟然不曾相識。

在臺北，民國四十一年五月二十五日，星期天上午，首次見到風露。原因是好幾天前，讀他的新著「聖心」短篇小說集，十分欣賞。首先贊美他，很是具有莫泊桑短篇小說的水準。一語中的，他說，自己正是在向這方面著意追求。許為知音，就此締結了這四十多年的情誼。

唐代傳奇，宋人平話，明代三言二拍，清代蒲松齡的「聊齋」，時人王九「滄浪夜譚」

（民四十年起，連載臺北大華晚報十年），都有不少的好短篇小說。王夢鷗教授，三十多年前，指導中國文藝協會十幾位喜歡寫小說的年輕朋友，曾經進行一項極成功的嘗試。取往昔短篇小說作品爲資據，以現代短篇小說架構，予以改寫。表現佼佼者不下十人，我卻只記得蔡文甫了。

「現代短篇小說」的標準，指的是法國莫泊桑。民國十九、二十年之際，上海開明書店大手筆，一口氣出版了趙景深譯的俄國柴霍甫短篇小說集八册，每册約二十餘萬字，推出了柴氏一百六十二篇短篇小說，蔚爲大觀。莫泊桑（一八五〇——一八九三）只活了四十四歲。他與福樓拜、左拉、都德，以及俄國的屠格涅夫，皆爲莫逆之交。就像當下陳紀瀅、風露和我三人一樣。莫泊桑，最初寫詩，也寫了長篇小說。他在世時，以及此後的一百年，文學批評公認，他的成就，在其短篇小說。潘壽康「世界文學名著辭典」（民國五十一年三月，臺北，志成出版社再版）指出，莫泊桑短篇小說，經發表了的，有兩百多篇，想必法國應有所集結。

在中國，莫泊桑作品之漢譯，非止一兩部。只是，如趙景深之於柴霍甫，多多譯出莫氏短篇，七十年來，竟無其人。

當年，我讀完了趙譯的八册精裝本，卻不及讀莫泊桑任何一篇短篇小說的印象強烈。莫泊桑短篇小說之受到世人看重，在其乾淨利落的手法。擷取人生片段予以描繪。必在人物、故事、情節、語言、心理、氣氛的結構，均勻安排，簡切入題，不讓小說成爲一篇散文，或只是散文篇章多了些人物對話而已。

從事文學寫作的人，都有過寫短篇小說的經驗。由於不曾嚴格要求自己，未篩檢不合格的作品，往往只是落個「不入流」。

其時，與風露旗鼓相當的作者，短篇小說寫得出色的，僅得一人，香港的黃思騁。思騁作品不多，我只在「自由中國」上見之。聶華苓主編自由中國的文藝版。她取稿眼光甚高。此所以，自由中國每期一出版，那於政論文章興趣缺缺的讀者，皆以先睹其短篇小說爲快，我就是這其中的一個，風露想亦同此癖味。

提到聶華苓大妹子這作爲，讓我想起，民國三十年前後的「時與潮」雜誌。戰時陪都一等一的，政治論評爲主的期刊。讀書人總想瀟灑一下，雖苦酒滿杯，也要求其娛己亦且娛人，於是有了「時與潮乙刊」的編刊，以文藝爲主。乙刊每期刊出的短篇小說，也跟自由中國文藝版一樣，篇篇皆佳。

那時，我僻處長安鄉下，戰時川陝交通欠佳，重慶、昆明、桂林書刊寄遞，極難完全讀到。這情況，讓東北老鄉齊振一老弟來記述記述，應是東北文獻所樂於主催的事。

說起風露短篇小說之爲絕品，自與他的學養、人生閱歷、才情，身爲東北老鄉的歷史情結，尤其是雞抱卵的創作熱力有關。自己矢志寫作，迄今老而不輟，也跟風露、紀瀅相同，皆起興於十七、八歲。七十餘載，文友非少。其與風露經營短篇小說，那種母雞抱卵，如癡如醉，須臾不離，篇章未竟，毫不歇氣的一鼓而爲，還少有第二人。一般寫作者，無有不是悠哉悠哉，時有歇息，讓心神「外鶩」一番。

他總是讓一家人都安息，三個孩子都在打呼了。他才展紙執筆，進入寫作世界中去。風露寫作進度奇快，文思潮湧，每有揮寫不及之慨。快步迎風而行，正是王漢倬所描述的東北良駒海浪馬。

十幾年前，我偶然闖到依府。正逢風露爲電視臺的連續劇，趕寫劇本。從一部小說改編爲劇本，教我這個外行人看來，是好不容易的，比自己寫一個劇本要難。你不能與原著有距離，卻又必要保持若即若離的親密關係。原著作人、製作人、導演、主要演員以及這個電視臺內內外外的條件，每一集電視劇演出的時間限制因素，都要考慮到。怎樣神而化之呢？

我看到他使用的稿紙好特別，白報紙裁成長卷，長可及地。我未細看，也未詢問他這種編劇技術上諸般情況。似乎是不適於用有格稿紙來寫。

民國五十年代開始，他爲臺視、中視、華視三家電視臺主要編劇人之一，其作品有：大地風雷，大野雄風，片片春陽片片情，國恩家慶，黑馬一號，西藏大逃亡，荒堡夜歸人，緣，晚歸，愛之煉等等。這些作品，並非依據他人作品的改編，全係直抒胸臆，屬於完全創作的劇本著作。據他人作品改編者，則可以紀剛的「滾滾遼河」爲代表。其時，我國電視事業，才在起步階段。一切硬體設備，演員人事，都未免因陋就簡，電視劇的編劇，受到好多限制，拘束了好些情境的描繪。這二十年歲月的忙累，依風露時在趕稿的壓力中。不似神遊自身小說創作世界的快意。他的心臟病就是這樣得上的，而且苦纏了十二年之久。

電視劇好壞，取決於劇本之優劣，是可想而知的。因此而扼殺了優秀小說作家的創作才華，減少了他小說的寫作，是好可惋惜的事。

依風露所寫的電視劇本，有的精裝成册，置他書房櫥內，但大多的積稿堆放在另一書櫥。侯瀅弟妹難以排除傷懷的心緒，下手整理。其編目，集印，只有稍待些時日了。他來臺灣以後所寫的小說書目，見於「中華民國作家作品目錄」者，僅得五種：

默罕默德的後裔

飄泊夫人

歸國

拉薩春夢　默、飄屬短篇小說。歸，中篇。拉，長篇，民四十一年至四十七年，藍燈書屋出版。

紅葉溪的故事，長篇小說，民國六十六年，尚倫出版社出版。

這五部在臺北出版的小說書，目前已經不容易能買得到了。已是半療養的病家，如前此之母雞抱卵的經營小說寫作，已時不我予。倒並非江郎才盡，乃是心有餘而力不足了。否則，這十二年例必每年由美國返臺北過春節，生活視野大為拓展，小說創作的資源，比之前不知增加了多少倍，竟不克運用此彩筆了。午夜夢迴，寫「紅愁」、「聖心」、「拉薩春夢」的這位大情人、大才子、大作家，不知有多少無奈也。

大可安慰者，乃是這位好丈夫、好父親、好公公，比之好些文友之坎坷、潦倒、清寂一生，要好得太多了。他爲這個家庭付予得辛勤。子孫們以回報他的，要較之許多文友之欠缺幸福、適意，幾乎是無可比擬。拿風露跟那些朋友比較，我立即想起，某也，某也，無不差遜極矣，屈指算來，何止二十位「窮而後工」的文友。

小瀅、小凡、小辰三位賢侄，皆事業有成，婚姻美滿。金孫們也無不玉樹臨風，婀娜婉麗。看到這一群孩子們，圍繞風露大殮後的鏡頭，無怪這位亡人留給大家的遺容，安詳十分，滿意十分，他就是這樣酣睡的，恬然而逝，不像好些老年人，太是爲病苦折騰。

美國明尼蘇達大學附屬醫院，十二年來，與風露結下了極可感激的緣分。主治大夫是位七十多歲的老教授。帶領一群英年力學的內外科大夫，爲這位病家作最高熱忱的服務。病家近七十高齡的首次心臟手術，可不是一件容易的醫療行動。自始即已決定，要把依風露這位中國大作家的就醫，當作醫學院醫、護內外科醫生、助理醫生、見習醫生、高年級學生的全部教學示範。首先徵求病家同意，我們要把你的全部病歷，予以公開。在美國社會，這是屬於個人隱私權，不容隨便侵害它，既經同意，全部手術過程，便在電視螢幕上，病家血淋淋的，環繞著醫護群，則莫不小心翼翼的，汗流浹背的，緊張兮兮，卻也從容、敏捷的，不容有一絲差錯的，團隊精神而爲的，經歷了十一小時的大手術，時爲民國七十三年。

弟妹侯瀅，外表是十分堅強的，但內心感情，卻是濃厚而脆弱。這十二年，每逢風露病變突來，剛讓病人得到緊急的救治，安全無虞。她自己便支持不住而昏倒，醫師們得好好照料這位夫人。

八十五年二月間，在臺北，風露病變，即送國泰醫院。十五日那天，我去探視，小辰侍候一傍。看他情況很穩定，神態、語言都極正常。未與他多交談。臨行，趨前，摸摸他頭臉，引得他漫出了淚水——再也想不到，就此與他訣別了。

風露福分好大，弟妹侄輩們的安排，也是明大這所教學醫院的熱忱合作。因爲認定還是那邊內外科大夫，對於風露病況有百分的掌握，決定於十七日（星期六）飛離臺北，到達洛杉磯後，立即上救護車，直達醫院。客機，機上的照料，醫院的配合，都已早洽定妥貼。這可是，好多有財有勢的人，也辦不到的。

在飛機上，風露還離了坐位，來回走動——是他七十九歲人生最後的行步，好教妻女永銘在心。

既到美國，風露定要先回家，他酣睡了三小時，才在家人護送下入院。既上手術臺，麻醉中，昏睡十小時，血肉綻開如花蕊，病人毫無痛苦，就這樣，一群醫生朋友，無可爲力，他走完了人生的路程。

好難得的遇合。內外科醫護人員、加護病房的全體四十餘位，都在墳場葬禮中，爲這位亡人，致無盡的哀思。我以爲，這番情誼，尤其是十二年病院、家中醫護療養復健的情形，侄輩孫孫們，要有所記述，且附圖片，編入哀思錄才是。

文末所附風露筆跡，是從他臺北家中書桌上，取來影印的。字跡十分潦草，辨識其前三行：

十一年前的初夏，我剛寫好「少年十五廿時」，妻就向華航訂了兩張機票，飛往洛杉磯。行前，她拒絕所有電視公司製作人約請餐會。意思是不讓我再接稿件。

這兩頁，七百字未寫完的文稿，應是他八十四年冬所寫。一直攤在書案上。多年服勤的女工，每天都把這幾間房，拾掇得十分乾淨，明麗光彩照人。獨有書案上——這可能是每位著作家，必要擇善固執的，不要旁人挪移他案上文房四寶、書冊、文稿、檔卷的次序。風露既逝，弟妹更是要一仍原樣。總算對我特予優容，取走影印如這份附件。

兩月來，幾來依府，談風露時，我總感到，他彷佛還在左右。然而，畢竟音容漸渺，老友又凋零了一人。

西望雲天，懷思情

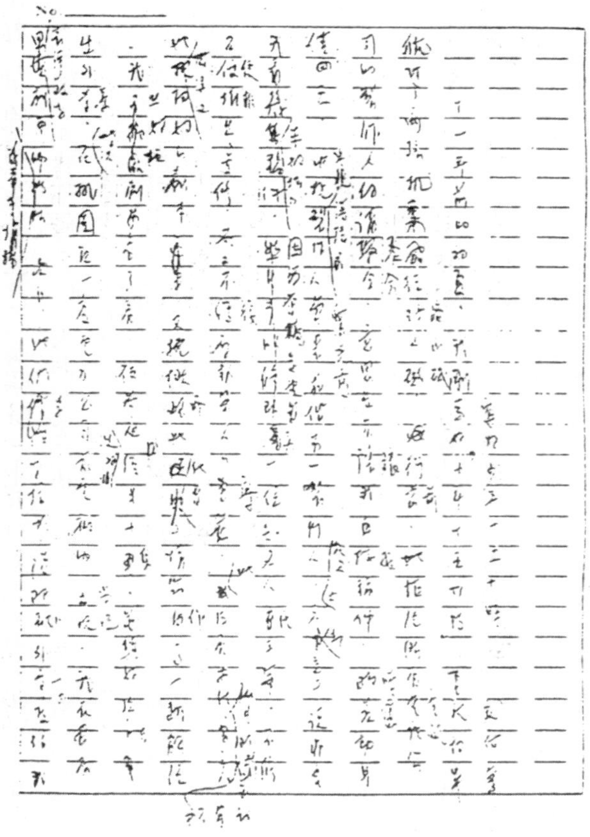

風露最後遺稿

湧。一如這十多年，風露伉儷子女，無數次飛航太平洋上空，所見所聞，所思所想，那眞是再也寫述不盡的心境。四十多年前，咱們共同的朋友，吳愷玄大哥，他聽了侯瀅弟妹述說「砲聲響起」的童年，抗戰之初，保定大撤退，目睹日軍殘暴獸行，爲之悲愴垂淚者再。他總在勸說這位弟妹：「寫出來呀，寫出來呀。」愷玄獨力經營「晨光」文藝雜誌，紀瀅、風露、我，三人爲長期供稿的支持者。我想，一俟弟妹哀情稍得抒展，必能不負亡友期許，寫下她這個家庭美滿、奮鬥、多姿多彩的宏富人生，不讓風露雄健文筆，專美於前。況還有才氣不弱的侄輩，也會跟進，上慰風露在天之靈。

民國八十四年依夫人生日照

民國八十五年七月十一日晨

載民國八十五年十二月「東北文獻」第二十七卷，第一、二期

魂兮歸來，敬悼陳紀瀅兄

寫此文，恍若民國二十六年秋八月，我那枝騎兵，自河北曲陽再度出發，過定縣、安國、蠡縣，向永定河之線挺進。我彷彿在紀瀅兄出生地——祁州北鄉齊村，那沙灘地方，伴隨了他的亡親、姑叔、姐弟們，齊聲念道：魂兮歸來！紀瀅此生，惟一遺憾，這幾年老病糾纏，他雖則好風光的，走遍了世界各地，卻未能一親睽別半世紀的鄉土。

前此，遍走河北省東西南北各州縣，卻少來這富庶的冀中區域。祁州，今安國縣這一帶，正是河北富庶的中心。我何幸，滿懷悲壯出征的心情，袍澤們忠義奮發，行經於此。當年趙望雲農村旅行寫眞。連載天津大公報，不曾放過這種農村對照的描繪。

提說這些，在指出紀瀅的鄉土背景。

平生，河北省朋友，交得最多，若濮陽李素若，磁縣史泰安，晉縣侯英傑，北平關瑞、安國縉，青縣趙鐵寒。可再也未想到，在臺灣會碰上了紀瀅兄，跟著有王藍、宋膺、張大夏以及長者齊如山、齊鐵恨倆位。老成凋謝。如今，只王藍，但爲彩筆繪畫，很少見他的文章了。當然，還有夏承楹、林海音、何容、方師鐸、張警言伉儷，以及臺灣鹿港人的洪炎秋，這些南北一體視之爲老北京人。

長安友好，河北老鄉就更多了。張研田、王九思、常宜亭、閻子桂，無不一見之下，三言兩語，即成莫逆。有幾位並非河北佬，若張家範、張紹良、蕭涵恩大哥。涵恩為頡剛師同輩份，只以他幾位皆為老北大也。

日昨，綏英嫂告紀瀅仙逝訊，電話裡，未敢多細問亡人臨走細情。大嫂遵從亡人意願，不願打擾親友，喪禮一切從簡，但在教堂行追思會而已。亡靈雖未入夢，這夜，醒來三次，腦中縈迴者，安國縣地土、人物，臺北半世紀歲月，跟他的交往。

自己平生刎頸交，遵義曹金輪，曾一同在第一線，與敵交戰，眼前見包抄、仰攻上來。也曾還有另一亡友龔先方，三個大男生，為大時代悲辛，小我的戀愛、親情，在北平中南海流水音，秋日清明，相對哭泣。先方死於空難。金輪，自民國三十六年南京一別，大陸變色，生死存亡不知。二十年友情，歸於湮滅。

半世紀臺北，紀瀅的情誼，乃為可貴。他這一生，文壇、報界、政壇；國民外交，宣勞異邦，都身為先驅。好是君子謙德，從不自負如何如何，一生充滿了感恩心情。讀他每一部著作，皆教人深刻體味得到。國史館必會為他立傳，何用我褒貶什麼。

二十多年前，他猶寓永和鎮竹林巷。其後，遷內湖，幾經轉徙，愈住愈遠，以至新店的玫瑰新城。文協跟語文學會裡，常有碰到，也常去他府上。伯母大人還健在。雖是如此，不僅信札來往密集，也常有電話連繫。但有遠遊文友來臺北，以盛宴相迎，總不忘邀我作陪，例如謝冰瑩大姐海外歸來那兩次。大鵬公演的貴賓，也屢蒙相邀，且定要為晚食的東道主。

三兩天裡，總有通電話。談的是那些呢？爲文述文壇往事，偶有問題諮詢，電話就來了。由於彼此都是少小即矢志文學生涯，所詢問者，事無鉅細，不待思索，立可得到滿意答覆。不知別的文友間，也有類似狀況嗎？例如姜貴、趙滋蕃、高陽在世之日，也常相過從，卻不曾如此。如今，童世璋在臺中，墨人居北投，也不曾如此。

猶憶，不少次，他率領我們至金馬前線勞軍。有時是極危險的，會遭對岸突然的砲擊。兵艦往返，海上曉風殘月，波濤洶湧。那次在馬祖，特爲大專服役學生作學術講演。紀瀅先論國家形勢，我則說「中國諺語歷史精神」。

陳紀瀅整整九十一年的人生，其人，其文，總結在兩個字上：質樸。河北人莫不如此。這也是全中國人的德性歸依。不過這位亡人，特別顯現得多一些。

也無妨略述小事一二，以實此文。

伯母大人逝，我與王洪鈞，先後至竹林巷弔唁，此爲民國六十年二月間事。紀瀅未等我倆開口說話，馬上就地下跪，誠心誠意，叩頭致謝。若干年後，我撰寫《中國民俗學歷史發微》，特就「陳紀瀅母喪敬行古禮」，寫了不到三百字的短論。末幾句說：「其時，他已六十四，長我四歲。長洪鈞更多。這是自古傳承，普遍南北的禮俗，弔者受之，無不滿心肅然，致悼亡靈，孝子若不如此哀戚盡禮，則人已皆慊然不安。」

紀瀅最是個情到禮周的人，十足中國士君子，加以農民淳樸的風貌。凡贈送他一本新著，必專函致謝。首先得到的首封謝函，必然總是他居於先位。絕不一通電話謝了。定然感到這不夠意思。士君子贈禮友好，人莫不有投桃報李的意念，一部新書之出刊，正如嬰兒初生，得友好共享喜悅，乃人之常情。若漠然視之，豈足爲道義交乎？

民國六十五年三月間，紀瀅爲《細說錦繡中華彩色珍本》寫了序文。書成，地球出版公司贈他兩册以謝。他特地帶了一册，自內湖巴巴的專程搭計程車我家來，親手遞送。這部厚六百餘頁銅板紙精印的大四開本，足有十多公斤。是目前所僅存的少數畫册，頂頂貴而且份量奇重的巨書。國家圖書館美術書册典藏室裏，也屬罕見。

紀瀅給我信函非少，民八十年秋，全都贈與中研院近代史所了。今影印其贈書上的遺墨，足爲永恆懷念。巧的是，一流毛筆字，一爲硬筆，極見筆鋒下的感情。所留下典雅篆刻，足見士君子珍視書册的一斑。

五月廿五日下午，至北市林森北路長老教會參加追思會。教堂潔白花朶簇擁，一片虔誠氣氛。來者大多爲相知文友，龔聲濤首迎門外。隨逢尹雪曼、魏子雲、呂潤璧、袁睽九、汪精輝、王藍夫婦、吳若、叢靜文等，還有些熟人，恕難一一記其尊姓大名。很有幾位，睽別久矣，驚見更是白髮蒼蒼。

汪精輝頂不顯老，美之。他說：「前進三千步，不如後走一百。」略陳退後行步的健身法。我立即體會到，問：「得非有助於背脊直挺的理道？」答：「正是，且有腎功能的加強。」

叢靜文大姐，二十年未見。我正坐她後排，看她髮未衰白。聲音還是那般年輕，猶然如松之挺拔，行步輕快。未趨前恭維幾句。只體會她早年大學教養，北平社會生活陶冶，近半世紀的修爲，有以致之。這可不是健身房、美容院所能爲功的。

中興錫安堂詩班獻詩，「夕陽西沈歌」、「與主接近」、「仰望新耶路撒冷」，導引了全體與會者，伴送亡靈，至入高上的靈境。我一向爲無神論者，弔客亦必有少數人非教友。但我敢說，必屬士君子，他無不具宗教情操。

王藍報告紀瀅生平，恰似一篇可圈可點的略傳，結構緊密，章法極見層次；也以他青少年才驚文壇的佳事證之。聽果之講演，多係即興式，難及此次鏗鏘有力，君子生死論交的情分。

周聯華牧師證道，三番講辭，人皆感受教多矣。他特別提到，向來追思會舉行，全係家屬於喪期中邀請。惟獨紀瀅之逝不然。好幾年前，他便當面提出請求，既經慨允，三年來，且三函提醒周牧師。近來最後一函，且說此信已經另一半看過了。中國人的豁達，早把自己人生最後一程，安排得如此妥貼，不煩他人操心。

雅寧侄女謝辭，說得極見孝思。她節哀未哭泣，幾聲親切道說「爸爸」，教人心碎。

從他諸位講述中，教我深深體認，紀瀅廿三日逝，廿五日即爲追思會，緣何如此緊迫。原來周牧師明日赴大陸之故。他是目前自由中國首位傑出的牧者。

延環人瘦了。還是獨一無二的一襲布袍。他一進教堂，便失聲慟哭，聲如金石。跟亡靈自小一塊長大。他的哭，代表了全體會衆的哀戚。

從茲，人生道上再難遇到紀瀅這樣的朋友！好寂寞神傷也。

紀瀅兄，魂兮歸來，
喜與那些先逝的諸親友好，
天國永恆相聚。
我好倦也，且早眠，
是必酣然就枕，
一仍黎明即起的慣性，
迎接明天美麗的早晨，
曉霞四射，朝氣蓬勃的日子。
人生遲暮，暮色蒼茫裏，
體味這每個日子之可珍惜，
卻也不必太斤斤計較它，
從吾所好，一切聽之自然。

追思有會，既有照相機特寫，也有電視攝影全程紀錄，爲紀瀅留下完全句點，也是中國文藝史重要畫頁。二十世紀文壇，並無陳紀瀅第二其人，非吾溢美。後世史家，必有定評贊頌非常。

哭二弟朱波

二弟，民國六年一月二十七日生於武昌，八十八年十一月十九日在漢口逝世，享壽八十三。火化後，靈骨置武昌東郊九峰山革命烈士陵園。待墓地擴建後與魏青合葬。他總算葉落歸根。

小妹切囑星兒，怕我承受不起，一直隱瞞著。直到四個月後，兒子看我連續拔牙，過程平順，這才說出。

他本應有個二哥成瑞。成瑞自小夭折。二十七那天，乃正月初五，財神爺生日，故名成寶。少年時，自名仲波。筆名朱波。後改朱坡。

就像三國時代一樣，這半個多世紀，大陸上風習，不分男女，都喜取單名。二弟後來定名為坡，不知始於何時。猜想必與他往昔戰陣生涯，某一戰鬥的高地爭奪地名有關。武昌人，但說察院坡，在山後，很繁榮的市街。而山前的黃土坡，展望遼闊，乃辛亥革命前夕新軍革命黨人聚會以及八月十九前後，血腥巷戰的地帶。我夫妻倆，則總喜歡以仲波叫他。

自少至老，二弟性急躁，父親總說他是張飛。弟妹們怕他，不怕我這大哥。

二弟少年苦行，更甚於我。青在世時，屢屢歎息，說我倆是難兄難弟。除了受母教識字，他不曾正式上過學。只在家住文昌閣時，高家四爺爺在大廳堂上設私塾，四爺爺因病，父親代館，二弟才坐上桌，短暫的做了一下小學生。奮鬥自勵一生。晚年，以海軍工程學院第一政委（它學院所屬的各個學系也都分別設有政委）退休，政府崇德報功，紅軍一級待遇，比大學教授高過一倍。住在有二層樓的花園別墅，安享了一段歲月。每年例必出遊，也屬這「幹休」退居林下的安排。處處受人尊敬。文化大革命的浩劫，他們這批人，得周恩來著意維護，雖不免受到滋擾，卻並未給揪出來，受紅小鬼們的凌辱。比我這大哥兩袖清風，孑然一身的孤老生涯，要強多了，好爲二弟安慰。再也未想到他會先我而逝。

還在襁褓期，睡搖窩，搖之使入睡。一次，數著數著，硬是連搖了五百下，二弟還不曾睡著。失神間，把搖窩搖翻了。幸未壓到他。母親未責備，我好歉然不安。

他能行步了，那是大年下。父親的雜貨店還有待開業，弟兄倆在臨街的大空屋，關上了門板玩著鑼鼓。不慎讓二弟跌倒。險乎其險，他的頭部幾乎要嵌進大銅鑼突起的邊沿，居然，既未傷到目，額面也未傷及皮膚。是我痛責自己，一生難忘愧對二弟的事情。

還未滿十歲，就去文昌門外紡織廠當童工。民國十六年冬，他是上日班，總在天亮前一個多時辰，便離了家門。我送他出楊泗堂街，走水陸街往西，入大都司巷，遇到了也有上工的伙伴，我方走回頭。我這小子，卻在回家途中，掏出身上的木炭，在人家門牆上，乃至自家大門口，寫「共產黨萬歲」，「蘇維埃萬歲」的標語，眞笨傻到了極點，而不止一次。其時，通宵都有軍警沿街巡查，執著手電筒往角落黑暗處照射。要是給抓到了，憑此，就會給槍斃。就有那大金龍巷的某富家子，還大我一歲哩！因共黨罪名，雖花去不少錢，四處託人關說，也無效，仍給送上了刑場。一次軍警巡查過來，我躲在水陸街南邊，那春夏間「中國濟難會」，大門比外牆線縮進三尺多的角落，偏偏人家未照射這裡。

匆匆回到家，把手洗乾淨了，鑽進被窩再睡，候著天亮。雙親、二弟都不知曉我這項危險行徑。

這紗廠、布局，不管童工、青少年工人，少有不因家窮失教養，自暴自棄，變得流氣。二弟獨能溷污泥而不染，總把持著「自己是好人家的孩子」，潔身自愛。他常拉廠房外的鐵槓，擴張了胸膛，免致「撿腳花」工作，染上肺癆。獨與一個已退休，年五十餘歲的老人爲友，受到潛移默化的激勵。

民國十七年，我脫離了共黨組織關係。十九年，自山東煙臺返武漢。開始職業寫作，文學、文藝批評、國際政治、社會、婦女問題，皆有涉及，頗得幾家大報歡迎。民營的新民報，取稿水準獨高。作者皆以寫得滿意的文章，方敢投寄它。副刊「空谷」主編宋泰生，青眼獨垂，將我的長篇小說，逐日連載，闢欄且於行間加直線以誇美，文前特加編者引言爲之揄揚。平生爲文，罕有受此寵重，幸而有自知之明，朱某毫未暈頭轉向。確信自茲獻身於自由主義者的文學生涯。

泰生長我十一、二歲，武昌人。以前並不相熟。他舊文學根特好，白話文也寫得純淨。詩詞皆佳。一如後來在臺灣的周君亮。江漢五家大報副刊主編交誼之篤，無過於他了。中山日報副刊主編魏紹徵，也不曾如此。後來，臺北與紹徵重逢，工作共處者達二十餘載。

二十一年初，漢口時代日報創刊，以嶄新面目出現。其副刊命名「時代前」，甚吸引讀者。副刊主編何夢雪，年三十許，喜與青年朋友遊，因而團結了大部份較年輕的作者群。二弟見我居然成爲小有名氣的作者，有樣學樣，毫未經我指引，也寫作投起稿來，很快成爲時代前作者群的中堅份子。時，他才十六歲，比我起步早了三歲。夢雪似與國民黨平漢鐵路特別黨部有深切關係。他的名字，見文學家浪漫派的情致。

以其少年艱苦，爲寫作憑藉，他的文筆凝結有力，風格堅實，是其時一般寫作者不易獲得的，特爲夢雪兄激賞。而爲我的文友隨縣謝楚明所無，楚明乃因士子生活沒落，而一度淪爲排字工人。也跟其時上海現代書局排字工人毛力不一樣，毛力染了上海都市頹廢味。夢雪唱導文學社團組織，我承邀爲發起人之一。也偶有向他投稿。

二弟文學寫作，特顯風采者，乃是其童話創作。中國現代文學的童話創作，以五四初期葉紹鈞「稻草人」開其端緒。民二十年前後，上海有陳伯吹的童話繼起，展開了新的局面，不似白雪公主，飛馬行空，兒童與小白兔爲友的兒童世界，或是那老舍「小坡的生日」以及張天翼的童話，而以當前現實社會生活疾苦，未來奮鬥的提引，糅合了童心、童趣來下筆，爲現代中國文學的童話創作，開拓了另一新境界，令廣大讀者，文學寫作者，文藝批評家齊同喝采。好可惜的是，他的童話，竟未集印成書。

二弟童話寫作，走的陳伯吹路線，而非前輩葉紹鈞的筆蹤。

「時代前」二弟的那批文友，其一為少年詩人高詠。他比二弟年幼，不但詩作清新，其長篇小說「隨糧代徵」，得巴金賞識，民二十四年間，由其上海文化生活出版社出版。這可是我弟兄倆矻矻懇懇於筆硯間再也趕不上的。其二，為小說家涂翔宇，他跟二弟年歲相若。民國四十、五十年間，享譽於臺北文壇。翔宇與我十九年時文友陶滌亞，曾共事海軍。去美國多年，似已擱筆了。

民國廿二年，我去了北方。先駐軍北平近郊，後至大名、曲陽，以迄抗戰前夕，高詠因二弟引介，與我共事多年。二弟時當弱冠之年，《壽堂雜憶》第十一章「華北風雲」第六節「隴海花園的紅葉」，記自己新婚第二年（民國二十四年）有以下一段記載：

「九月，偕二弟離大名，十月接了青出來，二弟也一齊同返河北。那兩三年，二弟已開始文學寫作，在武漢小有文名。上學校已不可能，我的意思，只想讓他自修，努力寫作。二弟也願這樣求前途的發展。老人卻不這樣想法，認為我聽了老婆話，你既安置了內弟在身邊做事，怎不把自己弟弟也同樣安置。老人不諒解，甚至母親有到大名來興師問罪的打算，總以為我倆在外不知怎樣風光，過著官老爺生活。殊不知我們過得儉樸極了。我只是買書錢花得每每超過了預算。二弟洞悉了一切，決定回家，好為我倆解說，也穩住母親。

「二弟兩次來大名，先僅是我弟兄倆。後來，青回到大名。夫妻倆能款待自己的親兄弟，在我倆，是多麼可安慰的事。卻再也沒有想到，當時十八歲的二弟，心情波動得好厲害。八十年四月在漢口二弟家，看到他寫的回憶錄，文章甚簡，不似我這樣冗長龐雜。他特別提到，當時感於自己前途茫茫，想自殺的意念，時在心中慫恿。他的苦悶，一絲也未透露。我這兄長毫未察覺。還一直以爲，他在大名過得很快樂。要非我看到這回憶錄，闊別五十年骨肉重逢，二弟再也不會提到這件傷心的往事。」

「這次青再來大名，政訓處已遷在城隍廟舊址，左邊走廊隔的小房間。還去北關醫院住了幾天，檢查生產後的身體。不久，搬到羊市街李宅外院的一間大房子裡。過我倆婚後的第二年冬天，比頭年不同，這方才眞是個小家庭。」（上册三九八頁）

在羊市街李宅外房，留下我夫妻倆、二弟的一張生活照片，特請春明照相館來拍攝的。一廂情願，我編織起一個文學的美夢，要步武十九世紀法國文壇領袖的龔果爾兄弟。兄愛德蒙（一八二二——一八九六）弟裘爾（一八三〇——一八七〇）。家庭富裕，弟兄倆從心所欲以爲小說及其他關於下層社會、人生、風土的寫述。兩人合撰，筆法風格近似，於法國自然主義文學發展影響甚大。

二弟在武漢。我在河北大名、曲陽。而有「南北飛文學通信」的來往。「南北飛」出於前人詩句，是誰的詩，查類書「淵鑑類涵」，必可得之。乃緣與我共事四年的同學史紀人一方治印「南北飛藏書」而起。紀人籍江蘇宜興，大學畢業後，入軍校政訓研究班一期，成爲五百同學之一。他是十足蘇州名士、詩人、書畫、篆刻、金石家，其夫人（河北、正定，北洋軍頭王承斌的獨生女）詩、書法亦佳美。《壽堂雜憶》曾有記之（頁四一九）。紀人這篆刻，三公分見方的玉石，書卷氣特濃，迄今珍藏未失。

其時，若龔果爾昆仲者，咱倆眼前更有周作人、魯迅的例子在。儘管這弟兄倆，性格、筆路，大相逕庭，雖同具北京文化城文學生涯背景。

國家政治局勢，豈容我這書獃編織美夢，日本謀我，百分緊迫。民國二十三年春，僞滿洲國成立，次年冬，更有「冀東自治」，蒙古獨立。且不斷在中國南北各地，造成中日間軍民衝突相滋擾，不容你喘息，不讓你有一刻的安寧。

二弟雖也爲我好友曹金輪、侯一先所欣賞。他卻漸漸趨向另外一條道路。金輪的兄弟曹應衡在武漢，亡友袁勁的遺孀姚憶華也在，跟二弟年歲相若，常常一道上下。至於二弟另外的交遊，除文友方面我略有所知，他方面就無所明曉了。

南北飛文學通信，倒是並未間斷。

震驚世界的西安事變發生。我任東北軍騎四師政訓處長，已三年，駐軍河北曲陽、平山、靈壽一帶。其初那幾天，我頗有隨時被拘捕，遭槍殺的可能，不能逃避，只能坦然處之。眞個是處變不驚。十二月二十七那天，二弟仲波，么弟成北、姚憶華、曹應衡四人，竟被情報機關武昌站拘捕。由於他們參加了民族革命解放先鋒隊（中共外圍組織，簡稱民先隊）活動。父親也一度被拘留。不久，么弟、憶華、應衡先後釋放。家中也爲我的安全擔心。父母不欲早告訴我。直到一月九日，我方得知。營救的事，全委之於在武漢的侯一先。挨到三月初，我才回到武漢。好不容易，見到那位朱站長。他說二弟跟南京、北平都有關係，不是簡單人物，一時難釋放。但總算沒什麼危險了。

要是西安事變未迅速解決，或是短時間的惡化，我弟兄倆必連帶遭到波及，會發生怎樣惡劣的情況，正屬未可知數。

「南北飛文學通信」以及我給二弟的所有信函，併同二弟的文稿，一併給搜索了去。直到抗戰前夕，二弟才恢復了自由。所有給搜去了的文件，全部未發還。二弟內心裡滿腔怒火。而我也必讓人家記上了一筆。

民先隊在全國南北，如燎原的野火，吸取了不少青年男女，湧入這浙江潮。後來，臺北「傳記文學」，劉紹唐所著意輯錄的中共地下活動史册，正存在了不少的記述。

民國二十六年九月，永定河戰役後，騎四師全部政工人員，竟以無固定乘馬（說來好尷尬）於撤退中脫離了部隊，經白洋淀，到保定，再去河南彰德。師的留守處在此，旋移陝西武功。不得不挪用爲數戔戔的戰時事業費，自行購得馬匹，始克與部隊共同行動。彰德逗留半個多月，敵機不斷來襲，有時一天四次。巧不巧哩，火車站雖然爲轟炸的目標，卻就在站臺上遇到由武漢北來的二弟。他攜帶共黨元老董必武的介紹信，要趕往太原，見葉劍英。時，「到太原去」！乃不少青年人嚮往的目標。可是，正太鐵路已經不通了。而本部隊正有自河北調往綏遠的行動，將先集結於山西祁縣的東觀、子洪鎮一帶。我把二弟留住，好希望他能參與我這個部隊。弟兄倆經鄭州、潼關，乘同蒲路火車北上。既到東觀，始悉部隊奉一戰區電令，調赴河南涉縣，晉冀豫三角地帶，以抗拒平漢路自邯鄲西出的敵軍。

我由子洪鎮，來遠鎮徒步南行。特務連士兵帶馬來迎，他們一口氣馳行三十里，深爲感慰。北關、南關，山道上重見部隊官兵，他們很多人都晒黑了。我脫離部隊已四十天。師長王奇峰中將，不知怎麼的也脫離了，還有待回歸。

二弟勉強跟我們走了兩天，行進中教官兵們唱「救國軍歌」。此歌，塞克詞，冼星海曲首句爲「槍口對外」。至今逾時六十餘年，不看曲譜，我還能唱得出那八句的歌詞。這一個多月來，千方百計，要留住二弟，卻再也留不住。太原，十一月九日陷落。就在幾天前，二弟堅決捨我而去。寒冬陰冷，要降雪了，沁縣城北公路，林木蕭瑟，二弟踽踽獨行，勇往直前。從此，投入了激烈的戰鬥。應是這前後時際，他成爲共產黨人，更是紅軍戰士。歲月推移，直到民八十年清明，我自臺北返武漢，重逢二弟。骨肉乖離，整整六十四個春秋！二十世紀國家社會悲劇，無逾於此。東西德、南北韓、南北越，都沒有海峽兩岸這樣絕對阻隔。

雙親痛感，兩個大兒子都投身華北戰場，捐軀爲國殤，乃指顧問事。雖然，全家人滯留武漢。朝夕都在敵機轟炸下，險危甚於我弟兄倆之在前方。

民國二十八年二月間，二弟自洛川寄來一張半身照片。不久，便離開陝西，去了晉冀豫劉伯承、鄧小平的那個區域去了。洛川離長安不算遠，全家人都住長安鄉下，他何嘗不想會親人，就是狠下心腸，不願過家一行，只怕我們把他留住了。

大陸變色，二十七年五月，共軍將進入武漢前夕，母親以五十九歲逝去。次年元月，父親以六十歲逝於武昌。二弟夫妻倆，於母親故去未久，父親病重之際，能回到家，使小妹、么弟得到依靠。父親既逝，已入棺，二弟夫婦趕了回來，安葬父親於母親墓傍。我在臺北，事後始悉。風木哀思，昊天罔極！悲哉。

七十九年冬，病重纏身的青去世。次年春，返武漢，二弟夫婦，率領了么弟夫婦（小妹夫婦去了美國小外甥朱斌處）、子侄外甥、孫子們，迎我於南湖機場，還隔在出境室裡，么弟情不自禁，高喊大哥，令我五內激動，遺憾青未能身歸故土。

八九年前，兩岸朝野，一片解凍、開放、互動，血濃於水的情急，有了間接的通郵，先由香港爲中間站，通信、電話皆有連繫，也早見到了親人的相片，大慰闊別之情。

先是，小妹在大陸「內部資料」上，見到關於我的資訊。說我常有文章在臺北聯合報發表。因寫信聯合報請轉投。聯合報編輯部同仁未予漠視，特將小妹的信以掛號付郵，好令我感激。

不久，我在臺北圖書館特藏室閱覽大陸書刊，於文藝雜誌見到朱波文章，欣慰二弟未放下筆來。怎地未影印下來。深信朱波必係二弟無疑。此事，據小妹來信說，二弟自抗日戰爭後，就放下筆桿了。她跟三侄女都不悉二弟曾有寫童話的風采。小妹認定，這朱波乃是另有其人。

二弟夫婦爲我準備了十分充足的旅遊一切費用。不讓我初歸大陸花半文錢。我隨帶了四千美金，原準備隨時換人民幣花用，交給他手上，總還以爲他應動支一些的。臨離大陸返臺北前，我除了取出一千美金，備歸程的應用，剩餘三千，統交侄女朱玲收下，等我離開後，再分給二弟、么弟，作魏青、么弟調養，剩一千留給小妹自美歸來後使用。若當面留給二弟，他是絕不收的。

他更把早蒐集好的江漢、長安、北京、上海、杭州旅遊一應資料，留供我參閱。十年後，這些書册，已是歷史文獻，極堪珍視。亡弟夫婦倆的情誼，好增人懷思。

民國八十年，初返夢魂縈迴的鄉土，百感交集。不知有多少親友、伙伴、同志，未見到美好的時光，已先我而逝。江流滔滔，雖有長江大橋之雄姿，都會建設宏偉，卻難見昔年風光了。

二弟、弟婦魏青，殷切接待，硬要把正房、書房都讓給我，他夫婦倆，擠在一間小房裡。二侄時，小侄女朱玲、陶偉民夫婦住樓下。倆口子每天忙著調配鄉土飲食，慰我長遠鄉思。二侄女朱穗、蔡立雄夫婦住近處，時來相聚。大外甥錢毅、盧年方夫婦款待大舅，孫子們承歡大爺爺，莫不令人貼心十分。

么弟家住東湖。他向湖北日報請了幾天假，到漢口二弟這邊來陪我。民國卅七年分別時，他才是初中生，今已年逾花甲了。細訴衷情，他特說了兩次，「從前我不太了解你。現在才了解了。」

晨間，必在海軍工程學院內散步。學院東西四方達一公里。二弟甩手運動，多於他別墅樓房外行道樹間行之。大陸近三十年自國外移植的水松、雪松，青翠蓬勃迎人。它比中國松生長得快。老弟兄倆有說不完的話。很想去亡親在武昌東郊的墓前祭掃。由於市區拓展，這些墓葬區早已蕩然無存。武昌東區，徐家棚為工業區域，武漢大學這邊為文教區域，新市區之擴展，已跨過外南湖。

離臺北前，識得俄國漢學家李福清教授。他特別囑咐我，過武漢、北京時，務要看劉守華，劉錫誠、馬昌儀夫婦三教授。福清治中國民間文學與古典文學。前幾年遊學北京時，與這群同道相識。

二弟相偕，學院派了專車，過武昌華中師範大學拜訪劉守華。他夫婦同任教大學，治學甚勤。九十餘歲老母猶在堂。又去了湖北文聯以及湖北文化廳。我關切的是湖北方志重修的事，很想去實地看看。

更特地專訪中南民族學院。見其院長哈經熊教授。怕耽誤人家，一再請他免予陪同。他硬要全程參與。哈是《中國諺語集成》湖北卷領銜的主編人。實主其事者，陳瑾、徐榮祥兩教授。講師楊萬娟。萬娟，雲南白族，年輕貌美，一口武昌話，父親、公公、丈夫皆爲大學教授。她在治諺之初，於武漢大學圖書館，讀到我的《中國諺語論》，摘抄了半年，乃特見一番情誼。

時，湖北卷各縣市地區調查工作已完成，進入編纂階段。在討論會中，檢出諺語卡片。就若干問題加以探究，以時間不夠。我甚願於去長安、北京、返武漢，歸臺北前，用三天時間作深長的探討，回饋鄉邦。

去東湖么弟家，二弟夫婦、大外甥夫婦同往，特要弟婦務換上女兒鮮豔的毛衣。我跟毅甥都把攝影焦點，放在二弟夫婦身上。東湖風光美，花木繽紛，果然留下了極美的攝影。

魏青隨即住進同濟醫院。詳細病情，侄輩必瞞了我。長安、北京行，再經天津過上海，溯江而上的計劃，我不要二弟陪同，醫院伴病要緊。二弟堅不允。說我不陪大哥走這一趟，豈不讓天下人笑我。也不讓我去醫院。只在赴長安前方去向弟婦辭別。

二弟家浴室，熱水浴很方便，但不及學院內浴室盆湯更舒暢。那日，星期天上午，二弟特偕我去就浴。浴後，他搶著洗我衣衫，只好坦然受之。甚感慰，也傷痛。念亡親以及先我而逝的弟妹們。

四月二十一，去到長安，先下榻空軍工程學院的招待所。晚宴，院長、政委作東。這學院，西離長安四十公里，主人盛情，不好意思住一晚即走。閒談中，那政委與二弟道說當年淮海戰役情況，乃是後此我在臺北所見，大陸中央電視臺的一些歷史回溯影片的點點斑斑。招待所的貴賓室，二弟硬不肯住進來，要我獨享，他與這一路伴同服務的晏醫生，擠在小房間。

長安，主要是看內弟夫婦。住在內侄女姚祥華、侄婿蔡泰信教授西北工業大學校區內。我儘量不提起青，免內弟傷感，他有心臟病。遊大雁塔，未讓二弟上去，他腿腳勁力已不及我了。

到長安的第三天，搬到西北工業大學侄女祥華家，侄婿撥出不少時間陪我二老。我這姑爹和二叔，享盡了下輩人的親情。江弟五女三男，孫輩融融樂樂。

我更去看了長安老友張光祖夫婦，以及常薇。半世紀闊別，歡愉十分。這些地方，二弟早上偕我來，傍晚再專車來接我回西工大。惟恐我興奮，多說了話，過於勞神，總特別囑託人家，不要讓我大哥太激動。

依原定計劃，老弟兄倆，乘特別快車離長安，往鄭州，直到北京。一路上，還未離漢口，待進入大智門車站之前，以迄離北京，返回武漢。好幾次因細故，二弟與人家爭執，動輒聲色俱厲：「找你的領導！」經婉勸，一點兒也不敢責備他。只是不免納悶，怎麼年逾七十的長者，還改不了少小急躁的心性？

可是，凡與他共事，尤其曾受他領導過的僚屬，皆由衷讚揚他。當人家知曉我乃二弟長兄，莫不交口稱譽。說是難得的一位政委，處事一點私心也無，後任者皆不及他。

我特別體會到的一點。他在海南島潛艇基地任事十八年。硬是耽誤了三位秀外慧中女兒的前程，以致侄女們只讀到高中，未能進入大學。若是早有調離，就不會這樣虧待了孩子。魏青想也不免埋怨這位父親。

我三人住在北京的海軍招待所，本應有房間住宿，卻因電影廠拍攝〈周恩來傳〉的大批人員，給通統佔用了。無房間，則缺衛生間，我這八十老兒蹲下來出恭，相當的好勉強。因與劉錫誠夫婦連繫，問鍾敬文何時方便，以便拜訪，轉告他臨離臺北前妻子匡兄交代要口頭告知的事。時，鍾老因病，即將入院。鍾老得知我住得不安適，特囑劉兄夫婦速爲我弟兄安排到北京師範大學的賓館或招待所去住。原以爲即可進住，臨到早上要去了，劉電話，說還得五天方有空房間。而海軍招待所這邊已空出了房間，而結束了大通間的生活。

還住在大通間的時際，有天傍晚，就只有我弟兄倆在室內，只因連日來生活上的不如意，我突地發脾氣，向二弟拍了一下桌子。但旋即自己平息下來。我這人，平生極少有跟人家發脾氣，很難得惱怒。兩人並未引起爭執。

到北京的頭一天，近黃昏，招待所裡用飯時間已過，其地雖非市中心，附近仍有幾處小館子。二弟嫌人家衛生條件不好，晏醫生只好獨自去用餐。我弟兄倆則取出離長安時，祥華侄女塞給我們的桃酥，車行途中並未食用，以之裹腹，兩枚生蒜頭，一杯白開水佐餐。我好不愜意，也無辦法。闊別北京半個多世紀，一頓適口的晚餐也無有。太缺生活情趣了。拍桌子的起因如此。事後回想，其實乃緣弟兄倆思想上的歧異所致。儘管弟兄倆絕口不談論政治問題。

彷彿有預感。雖在長安、北京，不斷電話朱玲問她母親病情。皆答說甚好。其實是，她開刀後，發現癌症，已無康復希望。孩子們隱瞞了我老弟兄倆。我毅然決定，取消天津、上海之行。二弟已有好幾次電話連繫在上海的海軍艦隊司令，爲我們安排落腳地處。

二弟不放心我一如青年時代，在北京城裡四處蹓躂，總要亦步亦趨。早晚才能在附近走走。得義女易典來陪伴，方能去北京大學，中央民族學院，王府井大街、琉璃廠各處行動。深感二弟用心良苦，卻使我北京的活動大大爲之減縮。

既回武漢，原本打算去中南民族學院逗留三天，研討諺語集成湖北卷相關課題，以及順便去看看湖北重修方志的景況，得暇則徜徉外南湖、領味我鄉邦水澤風光。無如時屆「六四」，各院校皆加意防範，惟恐滋生事端。況我這臺灣客若去逗留，更具敏感性。

哈院長乃決定，請湖北卷的三位教授，到海軍工程學院這邊來住一晚，用一整天半的時間，從容討論。這兒，食宿極利便，房間便定下了。

會談時間外，早晚與徐榮祥教授散步校區，談文論道，娓娓難休。而讓陳、楊兩位女士留房間裡休沐歇息。

已是晚上九點了。走回來，二弟出家門，通過小徑，正站在大路邊，巴巴的候我，見我走近，便大聲吼叫：「你看現在是什麼時間了？」他並未招呼徐教授，徐不願自討沒趣，訕訕的走開了。回到屋裡，弟兄倆大吵起來，朱玲夫婦趕著勸開。我好難過，傷妻之痛，在你家作客，竟如此對我；哦！我們是失敗者去了臺灣，你是勝利者。

隔夜怒氣，誰還擱在心裡。次晨，二弟在室外作健身活動。趨前道歉，說昨夜大哥對不起你。他不理睬。早餐後，我隨即去招待所。與三教授續談至午間。劉守華教授遠遠自東湖來，二弟引導他到招待所來，我趕緊招呼：「仲波，進來坐嗎！」他當著四位客人面前，仍不理睬我。反倒是，陳瑾教授特去二弟家，表示慰問之意。之後，我還有兩次向他道歉，他仍然不答理我。

二弟的怒氣，兩個大原因：怕我太累。魏青的病，心神不安。而北京我拍他那一下桌子，一直潛伏著的反感難以消釋。

自忖這麼僵持下去，我若難以容忍了，必會鬧翻了天，豈不教下輩人笑話。恰好，中南民族學院有專車來接三教授回去，因決定離去這海軍工程學院，讓他們車子帶了我的行李，送我到江漢飯店。依旅行社規定，本是離武漢前一晚宿此，次晨齊赴機場。我則早一星期住進來。江漢爲昔年有名的德明飯店，市街寧靜，往東過兩道街，即至江濱，與武昌徐家棚相望。乃得朝夕散步江濱。出江漢飯店至西邊大智門，火車店一帶，思考這四十多年兩岸的滄桑，眼前景物與昔年人事，交雜心中無已。

下輩人與女弟子楊萬娟，不斷的撫慰我。大外甥結婚十年，特宴我於黃鶴樓，外甥媳伴我漫遊徐家棚。萬娟也特偕我走晴川閣，長江大橋，且每晚來通電話問好。

何學威教授，不知怎麼得知我到了武漢。專程自長沙趕來，硬要行跪拜禮，爲我大陸上所收諺學第二位弟子，他是《中國諺語集成》湖南卷的副主編。

行前一日，二弟帶她小外孫女蔡丹寧來接，在海軍工程學院午宴，爲我餞行。小侄女朱玲捧花來迎，一家人喜氣洋洋。么弟夫婦出差方歸，帶了強、毅兩侄前來。魏青也自醫院接回，氣色不錯。誰知這是我與弟婦的訣別。六月三日返臺北未久，她便逝去了。巧的是，她跟大嫂同名青。大外甥媳，晚間特趕來。次晨是么弟來送行。我寫了一封信，交么弟轉二弟。我這長兄夠寬容的了。在子侄外甥前，我雖顯得心神愉快，對二弟之一無致歉的態度，相當不滿。只是，再怎樣，也不會在自己最心疼的二弟前，動肝火了。

其後，兩岸維持著弟兄倆不是太密集的通信，青年時代「南北飛文學通信」的情意，再也不可復得。大年下，必與二弟一通電話，聊慰相思。小妹夫婦自美國返武漢，二弟繼娶了麗珊，湖南湘潭人，前夫已故。這位新弟媳，對我這大哥也好熱絡，要把她女友介紹給我，相片也寄來了。我既受了常薇一番折騰，再也無此意願了。

老弟兒之失和，我一直未讓兒女們知曉。倒是說給了依風露夫婦聽了。侯瀅笑我，做人太無幽默感。否則，怎會引起這番戰火。

民國八十六年四月一日，偕昶兒返鄉。二弟、小妹夫婦硬要趕到漢口市北邊新建的天河機場來接。昶兒已五十多了，方初見這位二叔。適大侄女朱珠自青島歸寧。好喜歡這孩子，她對大哥的親熱，超過了星兒。

清明那天，於二弟宅右魏青埋骨灰之前，燒錢紙，爲我朱、姚及外家亡靈，一一稟告。聊伸我父子一番心意，好幾分的淒傷。

留武漢六天，麗珊、小妹、朱珠、偕我父子遍走武昌武泰閘、糧道街、豹頭堤一帶。漢陽歸元寺，琴臺，漢口各地。也去了中南民族學院。於漢口購大陸出版物不少。

離武漢，飛北京，父子倆爲京滬蘇杭的旅遊，欣美江南杏花天。在海軍工程學院集宴，席開四桌，小妹爲主持人，爲二弟、麗珊，八十、七十九，我八十六高壽爲賀。晚宿金華酒店，歸入旅行社所安排的行列。次晨，武漢有雨，預定十時乘車赴機場。九時準，二弟夫婦、珠侄等來送別。再也未想到，就這樣，與二弟訣別了。

星兒夫婦去了一次武漢。祥婿是幾年前便見過了二叔。電話問二弟，他答：從星兒身上，看到青的影子，親人情誼，如此之強固。

八十八年大年下，還與二弟通過電話。是侄女們來信，說海軍工程學院，將爲這位退休好久的政委，專派了一輛坐車使用。我好想八十九年五月過武漢，轉赴東北，將在武漢偕二弟於大武漢附近鄉鎮金口、青山、灄口、陽邏、豹子澥、蔡甸這些地方，作一番巡禮。早在民國五十六年元月，於臺北的「湖北文獻」第二期上，發表「武漢鄉野民俗修學旅行」，編入「中國謠俗論叢」，民國七十三年六月，臺北、聯經出版公司版。今二弟既逝，雖武漢即將有四環（外環）周邊一百九十公里，於公元二千零四年通車，我已很難得有此意興。再說九十老翁，已不易舉步而前，也應該追隨二弟而去，人生早已無什麼留戀了。

我這人，自少小迄今，已是九十六歲高齡，一生不曾對人發過脾氣。朱家大房、二房，四代上輩人，何止兩百位，無有活過九十歲的。壽堂眞有如廣東諺語：「氣寬壽長。」見所撰「中華諺語志」第一、第三册二五六頁、九八六頁。

載民八十九年十月，臺中「明道文藝」一九五期

坦蕩敦厚曠世奇才童世璋

童世璋（一九一七——二〇〇一），湖北武昌出生，歿於臺灣臺中，享壽八十五。

青梅竹馬的嫡親老表。我夫妻爲姨表，世璋跟姚青是姑表。同在民三十七年空軍越海移駐，平順的到了臺灣。

人生五福：壽，富，康寧，攸好德，考終命。他全都領有，駕鶴西去，了無遺憾。

國家社會多苦難，同輩份的人，誰不是人生多坎坷，顛沛流離，九死一生的艱辛備嘗。約是民國四十五年前後，文協開會，與世璋，還有福州文友，他繪畫、木刻、文學兼佳，會散後，坐臺北新店溪畔茶座閒聊，適另一位湖南籍的將軍，還有長安的老陝漫步前來。五人彼此皆熟，帆布躺椅上，共享新秋風涼。話題說到今昔「唐山過臺灣」的歷史滄桑。那福州朋友乘帆船，險經黑水溝海面，風濤險惡，三人落海無救；其後，他已安居永和鎮別墅，而怒海餘生情境難忘，十年歲月，常自噩夢驚醒。將軍呢，官拜上將，身經百戰，「一將成功萬骨枯」，他自己，作戰受傷，滿身的瘡疤。那年關中會戰不利，轉進四川，至於西康，最後兵敗失群，孑然一身，大將軍竟至行乞數日，歷經平日罕有的苦情，過海南島而來。老陝，供職蘭州，新婚蜜月，大局形勢突變，迫得進入新疆，過天山，越帕米爾高原，至巴基斯坦，轉印度，經新加坡、香港而達臺北。二十餘位伙伴，中道喪命者五。老陝夫妻，大難不死，人我皆以必有後福頌喜之。

這四十多年，世璋隱居臺中，每年五四，文協大會，必蒞臺北，也至舍間，向表姐請安。很有幾次，談及五人共話唐山過臺灣的往事，兼及於國姓爺先民們之拓殖寶島。大會場上，我一一指證鄰座熟悉的諸友，語重心長的說，童世璋哪，你家好福氣，一生不曾受過苦難夾磨、折騰。由於潛心寫讀，著意於人生萬有的錘鍊，總算也沾了不少風霜，並非純然溫室的花朵。人或問我何所見而云然，答曰：見諸於童世璋這半個多世紀的文章，篇篇的情趣、意境、氣勢、義理，獨有姿彩，文壇上少有倫比。

童世璋，自出生之日始，長子長孫，得祖母、雙親呵護備至。幸運兒，幼小時起，人生之成長，一步步走的都是康莊大道，以迄老年，仙逝，這位傑出人物的三楚才子，文豪，何曾經歷過一絲一毫的坎坷。

賓秋姑丈的幼小、少年時代，孤苦悽愴，與世璋之富貴、安逸，大大相異。賓秋，爲姑丈的字，也是官名。譜名乃是德鴻。

「江夏童氏九峰墓表」，有段哀哀文辭：

德鴻不幸，生未一歲而孤，飲食教誨，賴大母之力居多。猶憶大母在日，嘗指吾母濮太君而告德鴻曰：汝今成人矣，亦知吾與汝母鞠養之勞乎？汝父歿時，汝母年才十九，痛極欲身殉，余懼汝之失母而無以恃也，是日始，余乃襆被與汝母共寢處，慰其孤寂。且以時伺汝笑啼而保衛之者，凡二十年。汝母往往中宵泣涕，濕枕衾，而惟恐余見，余亦往往陰痛而陽慰之。比曉，汝祖寢門闢，余則往供演浣漱，營汁爨，汝母亦襁負汝，役薪汲，雖喘汗弗汝釋（家貧可知。祖母賴繡衣度日）鄰里戚黨皆知之，汝方呱呱，不能知也。束髮以後所經歷，計汝能記憶。余尤不忍一一述矣。

右錄，見姑丈文筆緊鍊，孝思深厚，光前裕後的至德。括弧內兩句，係世璋「春暉漫筆」一文，引述墓表所爲的按語。姑丈、世璋父子倆，於此墓表血淚凝聚文辭，自必有椎心之痛。與此墓表相並的童府歷史文獻，則爲胡適題簽的「童春暉堂家乘」，八開大小仿宣紙的印本。朱慶瀾題額，文曰：「賓秋仁兄兩世慈蔭，卓然有立，平日依依膝下，盡極孺慕之忱，爰顏其堂名春暉，嘉厥志也。」其首頁爲當時黎元洪總統贈世璋曾祖母「懿行長年」的匾和照片。

其時黎元洪的匾，軍、政名流朱慶瀾的題額，已屬得之不易，適之先生題簽更是十分珍貴，他爲人家字畫、著述、文集題跋，已不多見，而於宗譜、家乘題簽，則未之見也，不知姑丈怎樣因緣而獲致的。

姑丈少小勵志奮發，勤學苦讀，文思斐然。民初，爲江漢名報人，主筆政，褒貶國事，得時人所重。晉身政壇，人際關係廣闊。例如，抗戰時，長安城，我夫婦於童府走動，黃陂魏予珍兄告我，他尊人與姑丈極熟。民四十八年間，在臺北，我親送大陸資料，至鄉前輩陳啓天先生處，語及青年黨史事。談說起來，陳先生與姑丈也頗有往還。特挽留我多談談，說說姑丈的文采與風流韻事。

姑丈爲其長子，作了極超越性的安排。江漢教育發達，著名中、小學，非僅一、二。而這位父親執意要送世璋負笈上海，每年寒暑假方回家，乃使世璋少小視野廣闊，非同儕所能及。起初，二姑媽好是捨不得，放心不下嬌兒遠離了娘親。

上海之爲中國的櫥窗，何止半世紀之久。國際交往，海洋巨輪，科技產物，西方先進商品，凡百現時代前驅性的知識、事物，皆首先登陸上海，而居於全中國的嚮導、先行地位。三十年代茅盾小說「子夜」，有過細細的講說。清末時代，黃浦灘上「點石齋畫報」早爲繪事上的描述。加之，上海報業，出版事業居全國冠。凡此，皆爲童世璋少年時代的社會背景，朝朝夕夕，事事物物，緊緊提領了他生命歷程的發展，不同於一般在江漢鄉土成長的少年人。

那年，好不容易的，湖北人把梅蘭芳請到武漢演出，時間短暫，拜客、休憩、獻藝，旋風似的。童姑丈居然獨自作東、豪華餐廳，兩桌席宴，請這位梅大師。把漢劇、楚劇（俗名花鼓戲）首要名角邀來同席。江漢間拔尖的政要，名流作陪。漢劇泰斗余洪元，與姑丈爲刎頸之交。一時士林、藝壇傳爲佳話。梅大師特重姑丈文采與孝思純篤。

民二十年間，姑丈任武陽夏稅捐處長，官署設省城，轄武昌市、武昌縣、漢陽縣、夏口縣。漢口特別市在外。漢陽縣境廣闊。這是個肥缺，省財政廳長所不及。官聲甚佳，君子人並未大撈特撈。而親戚故舊多能受到照顧，財稅小吏，人人優於爲之。

蘆溝橋事變，適世璋弱冠之年。國家初戰不利，姑丈洞燭大勢，有前瞻性，爲三個兒子作了明智的抉擇。老大離滬返漢，入了戰時工作幹部訓練第一團（相當於黃埔軍校時期的政治科），走政治的道路；老二世璁，考上了陸軍官校十四期（二十多年後，他同班同學，臺灣官拜上將）；老三世璜，還是中學生——後讀武漢大學電機系，升交通大學研究所。大陸變色後，滯留北京，成爲特受優待的科學家族群，及彼方極其需要的建國專家。文化大革命浩劫，仍然受到折騰。世璁最不幸，抗戰勝利初，國防部，青年軍任中校，而未能來臺，貶爲「黑五類」，歸武昌故居，自殺而未死。生活淪落，門首爲小販，賣「撈乾麵」，苟延殘活，數年前抑鬱以終。世璋總算見到這位最爲「富態」的老二，其時卻身軀矮縮，容貌萎瑣。爲大哥榮歸，世璁夫妻倆，特將門窗地板，油漆一新。寶島貴客，百感交集，強忍了眼淚。午夜獨眠，方盡情揮淚悲愴。手足訣別，從茲永懷人生桑梓情痛。

三弟兄，品說起來，惟世璋君子坦蕩蕩，康莊大道，悠哉遊哉，最是充分享受、欣美了宇宙人生，妻賢子孝，金孫們乖好承歡，既享高壽矣，不必多與營營衆生，勞勞碌碌，病院十九天，瀟灑而去。既歸道山，飄逸另一世界。緒侄青少年時，好爲莊生逍遙誇說之辭，任取亡靈一二軼聞，好爲小孫孫們說公公的童話故事了。

且說世璋賢弟，坦蕩敦厚，此曠世奇才，一生風光十足的行事二三。

烽火劫亂全中國，南北各個戰幹團結業男女員生，竟然不敷軍中、社會的高度需求。投入戰鬥，忠勇殉國，或長途跋涉，病苦喪生，屢有所聞。世璋獨得安逸、庇護。戰幹一團主持者桂永清，與姑丈相熟，復以世璋資質優異，結業後留團服務。旋得父執輩牽引，進入空軍。自茲起始，但有外出旅程，皆是空中飛來飛去，免去人生不知多多少少的苦辛。

成都，世璋與世家才女劉德華結婚，嘉禮風光十足，乃八年抗戰蓉城喜慶之最。其後，兩弟四位妹子婚嫁萬難比擬，親舊們莫不為之感慨非常。時與世異，長兄長嫂，心戚戚焉。

珍珠港事變後，中國苦戰形勢一變。世璋僕僕成都、桂林間，為活躍人物，與美國空軍頻頻接觸。他服務於中國空軍鐵雨大隊，民三十二年，派赴印度，接收美國B—二五輕轟炸機並接受訓練。乘C—四七自成都至昆明，換乘美軍運輸機，飛越駝峰，極高遠壯美的旅程，且經歷印度的沙漠地帶。

既得B—二五，以桂林為基地，時有出擊，轟炸敵陣。世璋兼扮了隨軍記者的身份，隨機採訪，而以平時乃為同僚，對作戰人員的觀察，所思所見，必然超越純然的記者多多。轟炸機群多在高空，不低飛，遭敵攻擊機遇較少。其產生悲壯犧牲的情節不多。世璋每隨機出任務，下機後立即撰特寫稿，隨同新聞稿次日刊諸桂林，萬人傳誦，比諸「中國的空軍」月刊，要「搶時間」得多多了。很有幾篇振人心魂的特寫，惜來臺以後所刊出的文集通未收入。「中國的空軍」雜誌，自亦欠蒐錄。

抗戰勝利，河山重光。世璋調空軍官校，任政治部訓育科長。直到三年後，由筧橋遷臺灣岡山。這段歲月，公餘之暇，一年四季，陰晴雨雪，朝朝夕夕，夫妻倆帶著獨子耀緒，把裏西湖、外西湖，漫遊了一個透透，也把杭州城古老街巷、河川，古老寺廟名勝，新建巨廈，盤桓了一個夠夠。因公因私，兩去南京，上海。感懷於八年抗戰，秦淮風月，黃浦灘頭的滄桑。那年錢塘觀潮，特赴海寧，爲潮神伍子胥的神話傳說，大起歷史興感。

筧橋遠遷岡山，世璋留筧橋，協辦運輸，發生了不少可歌可泣之事，留在世璋心深，少有出之筆端。後此，臺灣空軍英豪，皆彼時筧橋莘莘學子，世璋爲其師表，享有了得天下英才而教之的欣慰。雖然他不是飛行教官，但與同學朝夕相處，則時間多於飛行教官。

民國三十九年春，國軍政工改制，蔣經國出任總政治部主任，空軍官校校長胡偉兒爲副主任，另兩位副主任係陸軍的張彝鼎，海軍的趙龍文。世璋隨胡調職，出任總政治部第二組副組長。二組主管宣傳、新聞、文化、文藝、康樂等業務，是總政治部七個組之中，最多采多姿的部門。二組組長胡一貫，乃學者型人物，於是，活動性較多的工作推動，就落在世璋及其同僚們之當仁不讓了。

對於大衆傳播，文藝、影劇界的交往，成爲第二組的主要職務。總政治部所屬的新中國出版社、「國魂」、「國光」畫刊，革命文藝月刊，軍事新聞社，日報，電影製片廠、藝工隊等等，皆受其密切的指導。

民四十年夏，我調到臺北工作。每月總有兩三次，晨間越街至介壽館後側門進入，登上最高一層樓，出席總政治部的每周擴大會議。會後，至第二組辦公室，看到世璋十分的忙。時，我倆家都住和平西路二段龍口菜場附近。偶而黃昏，帶了孩子去植物園嬉遊，世璋例必缺席。因爲每天忙上下班後，他忙於外界人士的餐敘，晚會、交遊，研議，往往午夜方歸。也屢有夫婦倆共同參與。我已經夠忙了，大袋公文晚上下班後須帶回家處理。星期天上午還得上班。但我與外界相關人士的連繫交往，不及世璋多方交遊的十分之一。

其時，香港影劇、歌星，藝人，全有高度興趣，前來臺北鍍金。由於香港政治、地緣，屬於兩岸關係的中間點，臺北也極樂意接納這批人士。臺北之接待，服務，安排其活動，世璋爲重要承辦單位的主管人之一。多年後，憶及當年情況，特有一點應予指出，雖也不乏伊人，於這位翩翩公子，落花有意，此三楚才人，總能謹守分際而無踰越。處此鶯飛蝶舞，浪漫年華，童某人一無緋聞發生。以坦蕩敦厚讚之，的非虛誇。

職務上加倍的忙，而文思泉湧，不斷有幽默小品見於報刊，風格與林語堂、梁實秋，誓還（「中副」方塊專欄，吳延環）相異。其「玫瑰」篇（所著「星辰集」），惜墨如金，全錄於此，以見童世璋其人，其文，其曠世瑰美的風華。

玫瑰

子

玫瑰雖多刺，然無損於其美。

不僅無損，且益增其美。

丑

於今之世，人們多愛找刺激。
難得找的刺激，是其中還涵有眞、善、美。

寅

玫瑰之刺，所以自衛並發展花之生命。
愛玫瑰能推愛於其刺，其大雅之風歟！

卯

玫瑰多刺，但有三願：無黃、無灰、無毒。
文壇後學，亦起三風：風雅、風流、風趣。
我愛看——一朶兩朶在風中盛開的玫瑰。

辰

臭腐乳細菌，但未利用，浪費掉了。
土壤中有細菌，卻被用爲救人抗生素，成爲廿世紀寵物。

細菌且有大用與大德，何況玫瑰之刺乎？

玫瑰美化人生，吾人又何嫌其多刺？人生應有寬容的雅量！

巳

雅風（同諷）者，和風也；風和乃可見日麗，非如颱風小姐之淫虐也。

惠風和暢，無妨擷取玫瑰以獻親人，師友。

午

某報副刊創刊詞曰：「文章無味，如同嚼臘……」讀之有味；但亦不宜專講味道，而不顧營養，或不衛生。即使調味品可使「白水變雞汁」，究不若原雞湯之醇厚，大轉彎嫩雞腿小珍肝之可以下酒也。

未

某日上小館，坐無虛席，看見客人多點「經濟飯菜」。

我忽有所悟，乃寫「經濟文章」。

申

「作者應跟隨時代前進，要爲大衆寫書。」

酉

我姓童，自問還保有著一顆童心，一切發于純眞。如果有說錯了的地方，甚至有刺痛了的地方，請當我「童言無忌」吧！

戌

常聽說寒流暖流來，乃悟：「唯風乃可以移風。」且移風易俗，莫善于樂，亦莫善于藥，幸毋以爲良藥苦口耳。

亥

如其沾染一束沒有情感沒有個性的名花，不如愛上一朵多刺多情的玫瑰。（藝文夜談中，我說雜文是帶刺的玫瑰：但雜文如不美，帶刺便失去意義。）

張申府「所思」（民二十二年，北平刊本，三十二開，一百三十餘頁）哲學小品，三言兩語，說高深學理。十年後，艾青論詩——亦以小品行之，與「所思」同樣見重於世。非若此「玫瑰」小品，超絕的短俏，子丑寅卯序列之，有深意存焉。

周至柔任臺灣省政府主席，於南投建中興新村，爲省府所在，王道任新聞處長，特調童世璋，郭嗣汾離軍職爲其科長，世璋家遷臺中，乃度其半隱逸生活，悠悠四十餘載。

他與郭嗣汾，同窗兼同文，於推展省政作爲上，貢獻非少。離職後，任諮議，久兼省訓團講座，童夫子論政，特多意見，講義我尚有存篇，宜刊布之。正所以傳承童姑丈者，他成爲名傳遐邇的美食家，爲大廚師們共仰。南北各地，但有品味，評鑑，比賽活動賴其定高下，講說中國飲食文化的哲理，所遺專著「小吃的藝術與文化」（民七十五年六月，行政院文化建設委員會版）煌煌一巨册，較昔人食譜，浩瀚深微多矣。

世璋所遺文篇，名「一元游上海」，「民初上海之多」，「春酒」，「四十年前目睹怪現狀」。「星辰集」，述國民革命軍北伐武昌圍城及一九二七武漢赤化政府情況，「常在的星辰」之二——「文藝會談」會後談（星辰集），皆非風花雪月，遣興抒懷之作，乃屬國家社會歷史文化的見證，國史採擇所當珍視者。文史學者鄉前輩陶希聖、劉光炎、周君亮其例也。

世璋賢弟所遺文篇，未能刊之成書者，至盼其後人蒐集、整理，付印問世，嘉惠後學，遂先人未竟之志。他的小說或爲人淡忘，長篇「瘋狂」，剖析精神病患者，中篇「春酒」，「草地風雲」兩寫四川袍哥之豪情忠義，皆兼具十九世紀西方作家英國迭更斯、俄國陀斯妥耶夫斯基、法國莫泊桑的筆致，學養醇厚，宇宙、社會、人生的體驗，非比尋常。

截至民七十三年，見於「中華民國作家作品目錄」者，他還出版了散文「粗茶集」，「燃燒的靈魂」，「落翅隨風摧」，「情文情話」，「煙雲浮雲」，「凌雲遨遊」，「回憶抗戰時的憂患意識」，雜文「寸草集」，「多刺集」，「品茶集」，「新綠集」，「人生探索」，「生活小唱」，「振蕩集」及「童世璋自選集」。

童姑丈世璋父子倆，身廣體胖，令人稱美不已者，卻是一筆歐體書法，不肖其人，挺秀瀟灑，特顯飄逸塵外的神韻，是乃中華文化的瑰寶，後生小子雖奮勉力學，已求致不易了。

民國九十年八月廿九日

青邨雜記

——側寫國軍文藝大會

青邨朝晨所思

臺北、木柵的青邨，是國防部幹部訓練班的一個基地。前此，有長久一段時期，爲革命實踐研究院分院，房舍、庭園，業經二十多年經營，一切設備，簡樸、舒適、方便，但並不豪華。民國六十七年元月十九日，冬天嚴寒朝晨，一夜的雨，樹木更顯得鬱鬱蒼蒼，我獨自一人散步，把各處都走遍了，而後進餐廳，享受這頓極豐盛的早餐。漫步、沉思，所想念的，是五十年來我國文藝界的種種切切。

王文漪「為天地立心的心」

王文漪大姐，是早期「革命文藝」的主編，像是位證道人一樣，她懇摯呼籲，要大家能有一顆爲天地立心的心。乍聽來，她的話，似乎迂闊；細思，這正是君子從容中道的義理。在小組與大會中，她反覆陳說這一點。

國軍文藝成就，由於先有這番好存心。兩天來，大家竭智盡慮，也就是爲文藝事情在善用此心。缺失麼，是在用心不夠。

「中國的空軍」

大會贈書之一——「中國的空軍」，六十七年一月出版的四五六期，是創刊四十周年的紀念號。

這一期，有極多珍貴史料，屬於抗戰史、中國空軍史、中國出版史、空軍文藝史，還有中國近代社會史方面的資料。

一切事，這一期，四十九位作者的文章，都說得相當透澈。我所要特加美贊的，是蔣堅忍先生當年提出此刊名的這個「的」字。

平常寫文章，初稿既成，必擱置一下，加修改，刪去不必要的字句。我總把用作介詞以及句尾的「的」字圈掉，使文章簡勁有力。小孩口語「我媽媽」，也近於此境；不過，大人說這類句子，也是省略去「的」字的。

按國文老師的習慣，這「中國的空軍」之命名，「的」字定得要圈掉，方爲適意。可是，這四十年來，這個刊物之別具風格，卻就因爲多了這一個字。

我想，這與抗戰之初，保衛大武漢，中國空軍之神勇蓋世，撼震人心，大有關係。武漢三鎮的軍民們，仰首欽敬我空軍健兒的犧牲奮鬥，視死如歸，誰不是流著熱淚的感歎：「看哪，這是我們中國的空軍。」堅忍先生的靈感，或許即得之於此。

索忍尼辛也難預料的悲慘

俄國自由作家索忍尼辛，在美國指證，曾預料說：越南將有一百萬人被消滅，五百萬人被送入集中營。高棉也將施行一種新型的、全面的、澈底的毀滅和那滅種的屠殺。越南、高棉淪陷之後，共黨的鬥爭、屠殺，殘酷事實顯示，比索忍尼辛所預料者，只有更超過。不分老幼，不分職業，都難逃被殺的劫運。就是那些靠攏投降以及當年受其利用，為虎作倀，反政府的一部份和尙、尼姑，也未能倖免。

前高棉總理沉痛宣布，共黨統治下的高棉，已有三百萬人被屠殺，舉世皆知。最可憐，是那五百萬的未死者。六萬個和尙，一人也未留的給屠殺了。

中國電影製片廠出品「越棉淪亡實錄」，把這些血腥慘狀，留下了永難抹滅的紀錄。銀幕上，最是苦絞人心的鏡頭，是失去父母的孤兒，以及孩子們跟在大人逃難的隊伍之後，小腿小腳，再也走不動了，還有許多許多孩子們赤裸的屍體——他們誰不是父母的乖寶寶，誰不是童話世界的小天使。

這部血淚凝聚，苦情萬千的控訴，指陳出幾點歷史教訓：

①由「反戰」到「和談」，都是敵人的陷阱，自由國家受盡了欺騙。季辛吉但一回顧，會教他發瘋的哪。

②不求勝利的戰略——豈有此理，美軍以及所有盟軍將領，都急得雙脚直跳，無奈政治上之偏差控制何！

③越南、高棉內部不團結，領導中心不穩固，受盡共黨分化、統戰而不自覺。這是如今極少數在自由世界各地流亡的越、高人士所最深切自責的悲痛。

④自由國家只重視有形戰爭，而忽視了無形戰爭。

⑤越南、高棉全國上下缺乏自力更生，誓死戰鬥的決心，聽任敵人長驅直入，自取其辱，而悔之已晚。

大會放映此片，給予我們無上警惕。

所望於詩人吳望堯

詩人吳望堯，自共黨越南逃到自由地區之後，一再向全世界控訴國際共黨的殘暴。他已受到黑函阻嚇了。

我們務當保護這位自由鬥士。

在國軍文藝大會席上，他既有專題報告，還在青邨的好多場合，與文友們傾吐講述不盡的悲慘、挺戰經歷。

我極希望他能用報導文學手法，詳盡寫述這些。並配以圖片，譯爲多種外文，讓世人周知。這出版、圖片、翻譯的事，是要有關方面來協力。

蕭玉井慷慨陳辭

五十一年，自大陸逃亡出來的反共作家蕭玉井，他的發言，無不慷慨疾昂，情見乎辭。他是幾經共黨鬥爭熬鍊九死一生而出的人。看不慣自由世界的優容。氣憤一些言不及義的問題論爭——像譭謗先賢韓愈的問題。豈非轉移了人們對更重要、主體問題的思考。

要警覺敵人的統戰哪。好些事，不宜再慢條斯理了。

「黎明」的書大受看重

小說家，黎明文化圖書公司總經理田原報告說，黎明在海內外，都已建立發行網，開設了好些分支店。

王昇上將立予指證說，此事是因陳紀瀅先生建議而執行。現在營業並不蝕本，已經大有盈餘。反共作品非無銷路。

也即是說，這十年來，世界各國對中華民國出版的文史讀物，另有一番青眼相加。這自是情勢轉變，非僅由於搞發行的人之特為用力所致。

國劇題材的啓示

國劇題材，大多取之於歷史。當然有演繹和戲劇上的誇張，乃至少部份的，與史實相左。如「二十八宿上天臺」，竟然描述一天之內，劉秀殺盡雲臺二十八將，自己也瘋狂而死。我曾寫「王莽趕劉秀傳說的分析」（刊於民國五十六年春季、中央研究院民族學研究所集刊第二十三期），爲多方面探討。

分組討論中，我所建議在座的幾位教授、作家、國劇界領導人物，咱們如果把國劇取材於歷史者，自古迄今，按朝代加以評述，必將有幫助於現代寫小說的朋友們。單說春秋戰國的歷史和人物，就不知有多少小說、戲劇的題材，等待著咱們去運用。龔德伯「戲劇與歷史」，是很好的指引。還有三部大書，可爲參考。「元明雜劇」。清、黃文暘「曲海總目提要」，經過民國吳梅、董康、王國維、孟森、陳乃乾校訂。張伯謹主編「國劇大成」。

現代小說寫作，放下了唐人小說直到紅樓夢的傳承，而接受西洋文學的影響，有些作者或會感到取材之不易，所以我才有這番建議。

代長者李景武教授建議

四百多位出席者，最高年是八十三歲的輔導委員李景武教授。他住陽明山，十七日報到，既來得不晚；兩天會議，也從未缺席。難得的是，兩天嚴寒天氣之餘，第三日參觀中山科學院，也仍然精神抖擻，早早下山，趕到了臺北。

十年來，常有幸親聆教益。他最耿耿在念的事，是電視戲劇節目，有關近代服飾、禮俗的失誤，嘗有去信糾正，而無效果。我認爲，電視上，凡涉及社會生活與禮俗的演出，適宜與否？確應加以評議，主管方面當付予考慮才是。

文壇新秀才華縱橫

趙友培兄，是一位深於思考，敏於語言的人，在好多會議場合，他絕不是像我這般之急不擇言、雜亂無章。所以，會衆總樂於聽他的高論。

大會綜合座談，他一言未發。休息時遇到，我問：「你怎麼不講話呀？」答：「留給青年人。」這是此次大會的特色之一，年長的朋友，除了在兩次分組討論，都有意見暢述，全體會議中，卻把發言機會留給青年人了。主席王上將也正是這樣的鼓勵、指引著。

青年朋友們，在大會發言，可圈可點的，正好一文一武。姜保眞，二十二歲，正服預備軍官役，讀中興大學森林系，出版有「水幕」、「人性試驗室」等書。他提到辛克萊的「屠場」，感性的狂熱，而引起理性的解決，引致美國社會屠宰業的大改進，這可是辛克萊始料所不及。張家麟，海軍官校二年級生，以「弟弟，我在黃埔」一書而出名，才二十一歲，他以反共革命，孝思鄉情，眞正鄉土，爲其文學寫作的三大旨趣。元月二十八日本報第五版，記者李宜涯、邱幸文的專訪，述之甚詳。

我特要指出的一點。中國海洋文學的創造，張家麟這位老弟，必可大大承擔起來。誰說中國只是個大陸國家？

寫當代中國文學史的人

寫歷史書的人，才、學、識、德，必四者兼備，缺一不可。否則，就失之平庸、闇蔽、偏倚、阿私，但逞一己的文筆而已。寫文學史，須對文學各部門，都有高度學養，而且也要保有高度欣賞的情趣；在文學創作上，偶一爲之，寫寫小品隨筆，是可以的，但不必太費精力，以保持文學批評的客觀立場。

要在年輕時，衡量自己，而下此決心，矢志於這方面。廣事蒐羅人家作品，勤於博覽，留心文壇與社會上對每個作家的反應，逐漸形成自我的品評，這樣儲備寫文學史的素材。

有些偷懶的人，找得一二十部相關書籍，東拚西湊的纂述成章，也在大學開課了。這可不是我們所希望的。梁容若、黃得時二教授，早有「中國文學史書目」的纂述，錄列者何止百家；這半世紀以來，能下大功力來寫文學史的，卻只得屈指可數的幾人，留給咱們永存感激的心念。

十八日下午第十三小組的討論，年輕人馬叔禮的發言，獲與會者四十餘人大大讚賞。他才從中國文學系畢業，樸質、熱誠，學養有深度，見解超越，思考能抓重點，說話條理井然，尤其是謙謙君子的風度。當時，我懇切建議他，把所論當前文學的諸項高見，寫成一篇論文，可爲我們行動的良好參考。

事後這幾天，我反覆思考，有幾位年逾半百的朋友，除非他二三十年前，即已著意於此，否則，爲文學史來執筆，三兩年工夫的急就章，是不濟事的。

我深深以爲，馬叔禮這樣的青年朋友，方是適於寫當代中國文學史的人。專心全力以赴，最少，他得先下十年工夫，奠定深厚基礎；再有十年工夫，就可從容下筆。

「大迴水沱」

聯勤推行新文藝運動的報告，說起余鑄邦的短篇小說「大迴水沱」，經中華日報副刊連載完畢，美國世界日報正在洽請轉載。由於作者獲獎消息見報，得與失散三十六年之久的胞弟余一邦取得連絡，蒙國防部協助，使其胞弟由小金門前線趕到臺北來，參加頒獎觀禮，弟兄會見，幾疑隔世，成爲另一眞實感人的故事。

按說，這悲歡離合的事實，要當記入當代文學史。

表彰詩人畫家藝術評論家袁德星

文藝理論隊工作報告的特別請求說，袁德星（楚戈）編著「中華歷史文物」，煌煌兩巨册，畫頁爲主，最後鎭以　國父墨寶「博愛」及遺像與　蔣公墨寶「以國家興亡爲己任，置個人生死於度外」及遺像，此種編排實爲難得。書的內容水準很高，由民營的河洛圖書出版社大力投資出版，銷行海內外，深獲士林佳美，都認爲是宏揚中華文化，打擊中共文化統戰的有效作爲，擬請大會予以表揚。

兩天會議，大會秘書處太忙，對此請求未作處理。我閱讀大會文件，注意到這一點，特於此表彰之。

坦率的座談

兩天會議，大多數的人都住在這賓至如歸的青邨。休息時間，有人不睡午覺，有人好晚間清談。起座間裏，沙發的位置，正有三四個可圍坐而談的中心點，有的容五六人，有的加倍。參與座談的，大多是熟朋友，也間或有新人加入。所談論的，全是文藝的動態、消息，重要的是分析與評論，坦率直言，頗有些眞知灼見，閃冒出來。

假如有人把這些意見訪求紀錄下來，才是一部內容豐富的文藝論叢，大大有益於事功。

從八國聯軍原始檔案說起

大會贈書之一的「文藝月刊」一零三期，顧秉修「難忘師恩」說，他的恩師張立齋教授，早年從林琴南習詩文，專長金石玉器及百家之學，先後執教北大、師大、南開、輔仁、中國大學，並任故宮鑑定職務。也主編雜誌，幹文化事業。來臺後，講學政大、東吳、文化學院。其對中國近代史有重大貢獻的一事，則鮮爲外界人士所知。在北平，曾有八國聯軍原始檔案，被人以廢紙賣給收破爛的，業已浸入水池，準備化爲漿水重新造紙了。事爲張教授所悉，他立即邀同羅振玉先生同往挽救，以高價買回。

顧文說，此珍貴歷史資料，若非他及時發覺與熱心維護，難以估量的損失，就永遠無法補償。

文友中，很有些人常跑舊書冷攤以及賣破爛，古董玩器的，一如張立齋教授者。若陳紀瀅、王素存、劉心皇、孫如陵、鍾雷、尹雪曼、魏子雲他們這幾位，以及特藏出名的楊雲萍、藍蔭鼎、黃得時、陳奇祿、施翠峰、李奇茂、朱銘等等。還有好多好多我所不知道的。

蒐羅維護國家文化財的行動，就復興中華文化的任務說，咱們太應該急起直追，迅速立法，採取有效措施，不可讓近鄰的日韓，專美於前。

這種關愛，是文藝界人士基本習性之一。再說，也有關於咱們的修爲。

中山科學院圖書館

中山科學院，單說那令人羨煞的圖書館。這圖書館對從事研究工作的學者，提供了最高度服務。書目卡，除去分類卡，著者卡、書目卡、標題索引卡之外，更有適應研究需要所作的另幾種專題卡，這是說，讀者如需要某種資料，不論從那方面調閱，都可一索即得。至於複印、微影膠捲顯像閱讀、高度放大鏡使用，電腦處理資料等等，凡是現代圖書館的標準設備，都有不止一套的供應。全部圖書、期刊的開架式，個別研究室的提供，那是更不必說了。

我跟文友們一再感歎的說，像我這樣長期治學，進圖書館的人，但能得到這所圖書館百分之幾的服務，也就滿意了。可斷定的是，此生絕無機會可以逢得。我只求一所夠水準的圖書館，它的全部開架式，借書無限制，複印機無故障，館員樂於服務，絕不嫌煩。

這裏，略說早年進北平圖書館的一點甘苦。

民國二十二年春，初去北平圖書館，館員不嫌煩，一下子把有關屠格涅夫的譯本以及評論的書，十好幾册，送到我的座位上，其中有兩三種，是我在南京、武漢圖書館裏，訪求不到的孤本。凡到一處，那地方的公立圖書館、大學圖書館，我是一定要去鑽的。那時，我有兩年之久，迷於屠格涅夫的研究，後以興趣轉移，一絲關於他的文字，也未寫出。二十四年冬，寫長篇小說「女人」，因調閱當代歷史資料而停頓。次年冬，經人介紹，由河北曲陽，特地到北平圖書館地下室，自己取用報紙合訂本，抄集民國十六年的歷史資料，穿了厚呢大衣工作，手脚時在凍僵裏。

憲兵的禮敬

二十日外出參觀，出臺北市區，走高速公路至桃園，坐車前後，有年輕憲兵開路和斷後，不時鳴放著警報器。這是大會特意安排，對於這近百位「靈魂工程師」所作的禮敬。文藝界朋友，平時埋頭耕耘，今天這番風光，並不愧對這兩位駕著機車，辛苦照料的中國憲兵。

短文漫說諺語

參觀車上，與黃得時教授同座。來臺三十年，因陳紹馨兄引介，早就認識黃兄了。謠諺治學，常得他許多教益。這天，又閒閒說起：

1. 何不從社會生活的說明，寫出短文漫談諺語，而特重民族性的顯示。
2. 排比同義異辭的諺語，其句法結構姿彩多端，結論命題則一。

感謝他這番提示。我也曾這樣做過，但未太有意的來下力。當此「中華諺語志」纂述工作漸近總結階段，如此漫說諺語，公之社會，倒是很有必要。

小小構想

假如更能做到兩點。

大會閉幕，晚餐，會衆既散，如更能集合各小組召集人，或其他地方邀請，不超過五十人的晚會座談兩三小時，不拘形式，但必求紀錄充分。這是大會的更進一步，也似乎有類評議性的檢討。

發言條與大會所有記錄的努力，只能紀載意見的要旨。其在各位會員先生們陳說所述及的事態，義理分析，必有捨棄。假如由青年寫作協會於大專文學社團挑選應屆畢業同學，或是幹校新聞系挑選人員擔任紀錄，每小組二人，大會四人，使於大會次日，即能得到全部詳盡紀錄，輯印成書。咱們可以說，這種紀錄的價值，並不下於一些議會文件。

載民國六十七年二月十三、十四日青年戰士報、新文藝副刊

清境農場所思

民國七十四年中秋節三日前，有清境農場之遊。華欣文化事業中心的邀請，諸事策劃、安排、協調、連繫，皆由鄧文來兄一手包辦。食宿、交通、一切都不要我們費心。臨期前兩天，臺北大雨，文來兄不斷與清境農場以及各位參與者分頭連繫，雖只是打打電話，這三十幾通長途電話與市區電話，不忙得他滿頭大汗才怪。他樂心樂意爲此服務。這二十多年，所以才一點也不顯老，青春活潑鄧文來。

清境農場風景幽美，有「霧上桃園」之稱，位於中部橫貫公路霧社支線的幼獅山莊，地屬南投縣仁愛鄉。南距霧社八公里，廬山溫泉十七公里，埔里三十二公里，日月潭五十公里，北距合歡山廿五公里。這農場初闢於民國五十年二月，原名見晴農場，先總統　蔣公來此，欣賞其雄渾幽遠，特定名清境農場，揭示出景觀的特色。

清靜，本是南北共有的口語詞彙，易靜爲境，這情態的描繪，在詩文、繪畫、音樂的領味上，乃爲無限擴展。不像清靜二字，人們想到寺庵之長日寂寂無爲。

農場領有土地七六五公頃，已開發大半，餘爲陡坡的自然林地。全場地勢高低起伏，自一二〇〇至二一〇〇公尺之間。大部份地帶，爲一千七百公尺。比日月潭、霧社可是高多了，日月潭海拔七二七公尺，霧社一一四八公尺。

合歡山，海拔三三九四公尺，早成為青年育樂活動冬季滑雪場地。自清境農場漫步而上，是喜好登山朋友最覺賞心悅目，腰腿健快的一段道路——說到這裏，我想提提大陸五嶽並其他名山，與臺灣中央山脈主峰高度的比較。自民國三十五年春，初遊華山，我老記得它的標高，常以之作為比較的尺度。有的旅行家乍到臺灣，美讚玉山之高，說堪稱中華的新東嶽，與五嶽高度不相上下，這是未注意到地理數字明確記載之故。按：

東嶽泰山	一五四二
西嶽華山	二二〇〇
南嶽衡山	一三〇〇
北嶽桓山	二一一〇
中嶽嵩山	一六八八

其他名山，則高低不等：

峨嵋山	三〇六五
黃　山	一七〇〇
武當山	一六〇〇
廬　山	一五〇〇
天臺山	一一三六

莫干山　七六一

臺灣的高山，在臺北市、高雄市當然不易看到，但只要往東去，走一二十公里，就會看到巍峨高山的遠影。整個東部地區，更是緊受綿延大山的逼迫，那蘇花公路不就是懸在壁岩間，下臨太平洋麼。中央山脈的高峰，海拔三千公尺以上者，三十多處。鄧文儀「臺灣遊記」下册自序，這幾句話確是可圈可點：「峰頂遙遙相接，平均每隔十四公里即有高峰一處，構成臺灣的屋脊，森林茂密，群峰簇擁。這樣的名山勝蹟，眞是世界上最美麗的圖畫。」（民國五十一年六月，著者自己發行）。

沙學浚「中國地理圖集」（民國四十二年九月，著者自己發行）。臺灣的略圖，比例尺二百萬分之一，由北而南，其所標示的幾處山峰高度：

南湖大山	三七九七
次高山	三九三一
秀姑巒溪	三八三三
玉山	三九五〇
關山	三六六七
卑南主山	三三〇五
大武山	三二三〇

阿里山二四〇五，比華山爲高。但是，陝西郿縣的太白山，標高四千公尺，爲何沒有取得西

嶽之稱？原來，五嶽的形成，各有其歷史的，地理的，政治的，文化的，禮俗的多種因素，並不僅取決於山的高度。況昔時標高認定不易。（本文所列諸山標高，各地學、遊記書册記載，皆有出入）。

從整個中國地理形勢看來，我們的平原地區並不大，絕大國土，都屬高地，愈西愈高。西藏高原，外蒙高原，雲貴高原，山西高原，乃至浙江，福建，廣東諸山脈，莫不居高臨下，俯視看臺灣諸高山。「中國地理圖集」首頁「中國地形及行政區圖」（比例尺二千萬分之一），甚爲顯然。

上述，以上這段述說，在指出：

1.立身臺灣高山地區對大陸諸名山的聯想。

2.欣慰於這三十多年臺灣山地開發建設的成果。

上述，可能會引發出他人好多議論。

清境農場成立之初，安置了滇緬地區游擊隊幹部七十九人，從上校副師長到士官各級人員都有，也夾帶極少數的二等兵，連同眷屬二百五十餘人。這三十多年，人口大大增加。這些義民一直保持雲南鄉土習慣，吸著那直徑六七公分粗竹管的水煙，說一口家鄉話。擺夷並其他苗族婦女於其本族神話故事傳說的講述，歌謠、舞蹈，一日不曾或忘。他們從雲貴高原，轉戰萬里，漂洋過海到臺灣，要是有一兩位小說家來此，作深入調查訪問，定能寫出血淚交織的大作品。我們一行三十餘人，去他們所住的博愛新村、仁愛新村，在集會所，看到他們不少的歷史攝影，那些畫正是寫此歷史小說的線索所在。雲貴高原的山，多比這兒的玉山為高，通在雪線以上。不論他們戰鬥生活的光彩與疤痕，但說說大陸故土與此間高山生活的異同，也必能發掘不少寫作題材。

民國五十一年，五十五年，農場又先後安置了國軍退除役士官七十人，先分為七個莊，後合併為仁愛，忠孝，榮光三個新村。士官為軍隊骨幹，他們轉戰南北大戰場的奮戰史實，尤多有待作家描述。

清境農場的這些義民，榮民，現共有一四三戶人家，連同眷屬子女合計五八二人，依壽堂猜想或許還有極少數的單身漢，歸屬於這農場輔導。二十多年來，他們開疆闢土，種植蘋果，梨，桃，加州李七萬餘株。當果品銷售情況良好，每戶人家年入二三十萬元，毫不稀奇。觀乎他們安定的中等生活，家家有冰箱，電視機，摩托車以及不少人享有轎車，「發財」小貨車可知。我在清晨、黃昏、午夜，散步於清境賓館附近，屢有遇到他們的摩托車，轎車和小貨車上上下下，來往霧社、埔里、臺中，十分利便。這三十公里的山道，蜿蜒的，平整的柏油路面，白日景色宜人，常會遇到登山旅遊（多半是上合歡山的，或來此清境農場露營的）的青年男女，夜間則山谷幽靜迷人的美好。這種人生際遇，豈是他們前此艱苦戰場生涯所能逆料的。

以這種歷史、生活背景，可為四種類型的小說、散文寫作：

a. 歷史小說。

b.報導文學作品。

c.純小說。

d. a b c三者之綜合。

似可由那一方面設置獎金、寫作輔助金，來鼓勵、選拔，支助此種寫作。名作家既可參與，初習寫作已達一定水準的後進，更當踴躍投入此大時代的寫作。基金會、寫作研究會今日非少，中心好之，曷興乎來！

那加州李，血紅欲滴。新世紀梨好甜好甜，水份極多，梨肉無渣。蘋果卻品嘗不到了。自從准許國外蘋果進口，咱們山地的蘋果賣不起價錢，連成本也保不住。迫得他們只好把蘋果樹一株株的，一株株的都砍了，改種高冷地的夏季蔬菜。儘管這兩天，我們頓頓飯，都吃到山地出產的甘藍，豌豆苗和高麗菜，衆口稱美。未知這兒的土壤、氣候，能栽培出山東大白菜，湖北洪山的紫菜苔否？以現有的農學知識、技藝，應有可能。湖北佬都有這傳說，黎元洪在北京極思吃洪山紫菜苔，幾經移植而未成功。

農場還設有畜牧中心。自澳洲引進肉、毛兩用的「柯利黛」種綿羊，「安格斯」、「海弗」兩品種肉牛，都養得好肥壯。由於遊客不斷，牛羊對人們毫不陌生，尤其喜歡跟孩子們玩。各種牧草既然都不缺乏，放牧的場所又幾乎可以無限制擴展，年平均溫度攝氏十六度。若就民間企業的作法，這畜牧中心大可有番作為。只是，此間乃屬輔導會事業單位經營，若跟民間企業合作，定受法規限制。如此良好地土條件，總要充份利用才好。

我們從公路側下陡坡，走到牛羊小徑，我一直攙扶著羅蘭大姐。眼看路已走完了百分之九十九點九，只要再跨兩三步，就到了平坦公路上。羅大姐突然滑腳跌交，我手一鬆，她全身傾伏此斜坡最底層，頭部也歪在地面。所幸頭未受傷，只是兩小腿擦破，微微出血。好教我歉疚不已。原來，臺北上車，適逢她身傍位子空著，我就相伴坐下。首先是跟她談平津，河北省的鄉土生活。這好多年來，是她「安全島」音樂節目的熱心聽衆，受到撫慰，娛樂與激勵非少。總想著，見面時必把一番感謝的心意告訴她。平常，是在一些集會上邂逅，無有多說話的時機，這次車行五小時，大可說說了。誰知卻盡說了些其他的事。羅大姐主持音樂節目，在配合的引論、說教上，最大特色是，絕不多說半句話。她是頂資深，頂高明的主持人。所著「羅蘭小語」、「羅蘭散文」、詩話、長篇小說，已達二十多種，爲廣大讀者群所美。這些書，一半通由她自己出版，可是，這位高人哪，卻不去湊熱鬧，順便開起出版社來。羅蘭大姐文學與音樂的執著，才顯得了不起。事業經營與文學作寫、音樂欣賞，乃是兩碼子事。斤斤計較的市場爲重，文藝靈性，才氣的飄逸，境界太不一樣，難以並同作爲。

我跟魏子雲兄，同分配在清境國民賓館二五二號房間。黃昏前一段空閒時光，兩人下樓來，信步所之，走到思源遊樂區，這兒有露營設備，也有家庭式居住的平房。假期間，青年人、孩子們的歡笑，滿溢於此高山碧野。我們經過成行的高大松樹旁，還有龍柏。松柏移植不易，可見此地經營締造的卓越。臺灣各地的孔廟，怎麼都不能使之松柏蒼蒼呢？三十多年，但逢到松柏茂盛的場合，壽堂總有這番叨念。此時，周芝惠、張麗琴兩位小姐，也走了過來。

周小姐被公認爲華欣文化事業中心的美人。她的子女已跟她一樣高了。不知是怎樣駐顏有術的。她並未著意打扮，不像有些仕女，一見之下，驚人的美，卻是經過「美容」修理與刻意化妝，周小姐但一任自然而已。我們四人沿著小湖濱走，先是說起一些藝壇明星軼事。後來，發現淺水裏聚集了大堆蝌蚪。子雲和周小姐不怕踩進稀泥，走近跟前察看，發現還有的已長成爲幼蛙了。我們不免詫異，蝌蚪通繁殖於仲春，此山地仲秋天氣，怎會也有這些小東西的？這時，暮靄四合，潮濕空氣瀰漫，涼意漸生。我跟張小姐走在後面，問起他是那裏人？河南民武。一定不是出生在本鄉本土？那還用說。談到她父親高齡而身子十分健朗，情緒絕對恬適，一生中從未發過脾氣，乃緣起風下雨也不肯中斷戶外散步所致。而母親性子不一樣。人的性格，導致小說、戲劇情節的矛盾、對立而有許多變化，我因說起一個婚姻的悲劇。

阮力夫夫婦生活不協調，做妻子的趙美華活潑明快，力夫卻沉默寡言。夫妻間有了參商，美華吵鬧責罵不休，力夫一聲不吭。朋友們都看她是個潑婦，同情力夫太受壓迫。誰知力夫內心已作了大轉移的決定。他與美華本非愛情的結合，既爲夫妻，仍然並未產生愛情。有人會認爲這說法太不可思議，但力夫堅持此點，且舉他夫妻間許多細微末節的事故爲證。不久，力夫居然跟個妓女戀愛，且偷偷娶了她。正要從武漢動身回湖南，美華知道了，跑到漢口太平洋飯店，力夫跟那個她躲在另一房間，關牢了門不敢出來。美華在這邊房間抓到了兩個重要關係人，力夫的好友曾鐵生、龔士珍（他三人通爲黃埔四期同學）。士珍是他夫妻民國十七年在蘇州結婚的媒人，鐵生則比親兄弟還親。我當時親眼得見，鐵生、士珍一看美華闖進，兩人臉都嚇白了，心想，這潑婦一鬧起來，那還得了！誰知美華慢慢就坐，幽幽的說：「你們把我怎麼辦？」她並未叫起力夫的名字詛罵，也未跳腳搥胸的痛哭。罕有的沉靜，大大出我們三個人意外。

從此，美華身上再也見不出一點潑婦的影子。她的性格產生了澈底的變化，十分溫靜賢淑。她生下了第一個好漂亮的男孩。朋友們轉而同情她，責備力夫的不義。我也懇勸力夫，但是他答說：「我何嘗不知道你說的道理。我對於妻子，如今只有憐憫，只有歉意；愛情麼，一絲也生不出來。」

民國二十二年，力夫以二十四歲，出任中央軍嫡系李延年部的團長，這在他同期同學中，要算最優先了。才兩年，因所屬營長處理防區毒品海洛英走私貪污案，受牽連。力夫和他的團政治指導員以及那營長，三人同處死刑。因這種犯罪，校官如此連帶三人處死，可說是那十年中空前絕後的事。壽堂探討這件事，嘗認爲其主因在力夫婚姻的悲劇。經撰文「哥倆好」，收入拙著「白洋淀雜憶」。力夫的這段故事，給我印象太深，上述，僅是其大意。這五十多年，但逢跟人說起，得鉅細無遺。不管人家張小姐是否嫌我嘮叨，散步途中這故事未說完，回到賓館，坐下來，定要她聽完。

這天晚上，有個輕鬆的晚會。既罷，各人歸房就寢。山間萬般寂靜，賓館燈光通明。午夜，仍有從山下歸來的人。這一帶，入夜，有警士騎摩托車、駕警車來回巡邏，而以賓館爲休息、連絡的中心。

我們三十餘人，在雙人房間裏，每對友伴，於這一天的見聞、感想，都有番談論。這夜，絕大多數朋友，充分享受了高山森林浴，都睡得好酣然。

山中夜雨，黎明始止。晨間散步，首即遇到農場場長王道洪少將，服裝整齊的走出住處，正要到賓館來。他好熱忱、親切，接待我們這批朋友，惟恐照料不周。

我快步直向上走，左離公路，走上高坡，只因沿著階級右邊密密的一排樹，擋住了朝陽，只走了十分之一路程，就折回來。適遇宋瑞兄正在公路行走，就邀他上來，重走這階級道路，直上到總統銅像處。這一段路，爬高了兩百多公尺，是這地區的最高點，俯視賓館、農場，一覽無餘周圍山巒，綿延無盡，四外擴展開去，使得這地區滿受陽光幅射。站在此兩千公尺處，迎風遠望，禁不住傲然長嘯。

同行三十餘位，只我倆今晨得此機緣，宋兄一再感慰無已。銅像後有花圃，環以圓徑，左近還有房舍可供休憩。直後林間，更有農戶小屋，屋前瓜棚下，停放著主人的轎車，可證明清境農場諸農戶生活富泰。昨天所見那些義民、榮民農戶主人，個個都穿的名牌襯衫。昔日農村，這種衣衫，只大地主家男主人夠格著用。

蠻興奮的，走下公路。回顧這些階級道路，說總超過了一千罷，似比中山陵階級爲多。後來問起王場長，他說只五百多級。不知我們估譜的對，還是王先生說的對？此存疑，但有人切實數數，並量量每級是否十公分高？還有，中間隔著幾處傾斜直長的路面。對於喜愛登高健步的朋友、這一段頗陡的階級道路，能有起點、中途、轉至大臺階、銅像基石、銅像頂點等處的標高，在上下登臨的人們，它極有測量體能的作用。

宋瑞兄特爲述說他同房間朋友趙康教授的艱辛經歷。趙教授初到臺灣時，還是少年人，當二等兵。部隊長看他年紀太小，給送到南投中學念書。讀到大學，而後升學美國。在讀博士學位時，十分勤懇，從沒有玩過一下。其艱辛備嘗，跟所有中外學生都不一樣，人家誰也有周末、渡假、輕鬆的假期，而他沒有。孤兒生涯，從小到大。現年五十二歲，早成了家。但他這大半生的心路歷程，酸甜苦辣，較諸同年歲人的感受，不知超過了多少倍。

太應該跟趙教授談了。回到賓館，換下了慢跑鞋，走過對面房間，與他倆快談一番。我先說另兩位朋友的事，作爲引子。

葛希韶，山東臨清人，盧溝橋事變之初，以十五歲的中學生，隨山東省政府教導團，輾轉戰區，曾鬧著肚子，近似痢疾，裏急後重的，跋涉半個月，老是跟在部隊後尾追追跑跑，缺乏醫療，渾身髒臭不堪，竟未送掉小命。民國二十八年，到長安，進中央軍校第七分校第十六期，三十年五月已臨結業，空軍官校來王曲招考，遂入空軍官校十四期。初級飛行，在雲南實施。以中美租借法案關係，中級、高級飛行，以及戰鬥機的作戰訓練，則是在美國幾個不同基地完成。他在國外，有好多不尋常的經歷。三十三年回國，參加中美空軍混合聯隊的抗日戰役，產生了不少血淚交加的事蹟。服役空軍三十二年，上校退役。六十歲時，他寫起回憶錄「生命的奏鳴」，前部份發表於「中華文藝」，其餘大部份連續刊登在「中國的空軍」，現還有待載完。

希韶未免羞答答，不肯把他的戀愛故事寫出來。或許，他要構成小說描寫哩。民國三十六年到四十年，壽堂服務空軍的渤海大隊。其時希韶任分隊長。據我所接觸到的飛行人員，要是人人願寫其生命經歷，莫不有其可歌可泣的篇章。希韶此作成書，自是極好引發。

樓子瓊，浙江杭州人。民國三十五年就讀杭州聯合高中一年級，五月間，以家貧輟學。當時，適海軍上海第一練兵營，來杭州召訓新兵，他被考取。隨赴上海受訓，很快被分發至艦上服務。其時，抗戰勝利未久，軍人在社會上受到十分崇敬與榮耀，多數自杭州考入海軍的青年學子，經不起上海浮華誘惑，紛紛墮落。子瓊內心自有主宰，但知竭力學習艦上一切海軍知識及文學校課程。別人一到休假，忙不迭地往岸上奔，他總在艦上專心工作，或是手不釋卷。

民國三十七年，海軍徵選官兵赴美受訓接艦，樓子瓊經考取，赴美深造。這時，頗有部份同事，大感可望不可及。留美期間，又勤練英文，次年返國，旋考取海軍官校四十二年班，畢業後，服勤一年，又參加留美考試，錄取了。民國四十四年，在美期間，樓子瓊深覺國內熟諳西班牙文的人士不多，而國際上西文甚屬重要，乃學習西班牙文，回國後繼續不斷。四十八年，軍官外語學校西班牙文班第一期招考，他以最高分考取，經過兩年苦學，畢業後，派臺灣警備總部服務。

他檢討自己這十五六年，從在海軍當兵起，其求學過程不斷進入新的階段，實緣堅忍有恒所致。

民國五十年夏秋，國軍三民主義講習班第六分班在臺北新莊、青潭舉辦，壽堂任教育執行官，於調訓學員中進行戰鬥經驗、工作經驗、生活經驗、學習經驗調查。由學員（上校以下軍官及部份士官）於報到時當場塡報，三百字至一千字爲度。上述樓子瓊所塡報，標題「不爲浮華所誤」。結訓後，全部問卷所得，連同課程心得選錄、訓導活動等資料，由易學大師黎凱旋教授編爲「青潭講習輯要」。

今天的趙康教授，比起葛希韶、樓子瓊兩人，要年輕十好幾歲，生活經歷另是一番不同境界。這三位都足爲青少年學子的典型，樓子瓊是否有寫回憶錄，二十多年闊別，未悉近況如何？證之他兩人，趙康老弟，豈得不好好寫述一番。華欣文化事業中心主任程國強教授，早有懇切勸促，至盼他不吝此筆。宋瑞兄也大打邊鼓，我們只等看他的文章了。

八時半，至農場場部，聽簡報，看幻燈照片，王場長作補充說明。華欣董事長韋德懋於輔導會工作動向、山地諸項開發，也作了肯要提示。時雨漸大，山中氣氛，轉瞬間變爲深秋。鄧文來兄要我發言，既然開口，就毫無保留。特有三點，當記於此。

1. 輔導會可視爲國家一個空前大企業的結合。無論榮工處國內外作爲，農業，森林開發等等。這二十多年，有不斷實驗與修正，乃是光復大陸後各項建設的重大參考與指引。

2. 「知識即權力。」建議輔導會，責成華欣文化事業中心策劃、辦理，於所屬各專業單

位，普遍設圖書室、以供工作參考、員工、眷屬進修並生活休閒閱讀。初步要蒐羅圖書萬册，三年內須各達到五萬册標準。開架式管理。例如在此清境農場，無論員工或遊客，一坐下來，於聽廣播、看電視之餘，就是只想有一本一本的好書可讀。若隨便弄幾百本書刊擺擺樣子，誰不是望望然而去。

3. 輔導會很注重史政業務，各單位都有大事記及歷史的纂述，也注重到歷史文獻——照片、原始文件等資料的典藏。只是缺少了以各樣筆法描繪出的生活實錄，也即是要以報導文學手法，記述遠洋漁業、森林開發、國外工程、榮譽國民之家等等。這件事，如十年、二十年之後著手，那就遲了，趕不到當事人的口述時機也。近讀王藍「長夜」，其附註提到抗戰之初的平型關戰役，正與壽堂此條建議，論點十分切合。特全錄這部小說中的附註於後。

「平型關戰役，發生在民國二十六年九月，當時日軍以五個師團（板桓征四郎指揮）十一萬之衆進攻。我軍計有第六集團所轄第三十三軍（孫楚）、第三十四軍（楊澄源），第七集團所轄三十五軍（傅作義）、第六十一軍（陳長捷），第十八集團軍（朱德、彭德懷）所轄第一一五師（林彪），前敵總指揮部所轄之第十七軍（高桂滋），預備軍總指揮部所轄之第十九軍（王靖國）、另由河北正定調來之第十五軍（劉茂恩），加上砲兵（副司令劉振衡），第二十三、二十四、二十七、二十八四個團，與空軍混合支隊（隊長陳棲霞），投入戰鬥，英勇作戰，傷亡慘重。（例如第七十一師四三四團團長程繼賢壯烈殉國，全團官兵犧牲殆盡，僅下級軍官及士兵數十人生還）。砲兵與空軍亦屢建奇功（空軍第二十七隊長孟廣信、七大隊十二隊長安家駒，率我空軍健兒奮戰）。林彪之第一一五師，不過是整個龐大兵力中之一小部分，且於九月二十七日該師與日軍對峙時，得我空軍楊鴻鼎隊長率機助戰，炸毀敵戰車、砲車、運輸車，命中敵陣地、斃敵甚夥。由於上述所有的部隊共同浴血殺敵，才造成平型關大捷。可惜我們不重視宣傳，尤其忽視透過文學報導眞實戰史，而中共事後大肆宣傳，造成平型關之役活像只有他們單獨在那兒打敗了日軍的錯覺。」（民國七十四年二月純文學出版社，一四四頁）

其時，壽堂正在永定河地區作戰。之後，有大半年時間，在太行山內外敵後，與劉伯承一二九師爲友軍，也曾在黎城、涉縣間的東陽關外併肩作戰。又東出遼縣的黃澤關，進入河北。跟他軍政首腦張浩（是政委鄧小平的前任）、李達、陳賡，都曾多次會見。尤其與劉伯承有過三日長談。由於八路軍宣傳成功，總以爲平型關戰役是其獨力承當，何嘗知道這一段歷史眞實。

清境國民賓館的居留，頭天過午到達，次日近午時分離去。這幾幢紅白相映的西式建築，它樓上樓下對外都爲長玻璃窗，與四外高山綠野對照，美得眞像童話世界。這種感受，是壽堂前此初到陽明山、日月潭、阿里山，所不曾有過的。

賓館去年二月發包興建，今年八月，其內部一切設施及員工管理、服務等訓練、配備，即已完成，效率確實驚人。禁不住勾起苦痛聯想，臺北市公共工程，年年耗去鉅大預算，怎地太是牛步不前？我們這夥不速之客到來，此初開張的賓館，一切都顯得駕輕就熟，秩序井然。頂難得的，它食宿餐飲收費，竟是平地價格，而品質佳好，清潔衛生，非如一些觀光地區亂砍斧頭，又髒兮兮。因而形成一可喜現象，闊客人全家大小來此旅遊，跟農場工作者，一同賞心樂意的，齊在此吃桌餐和快餐，使我即時想起北平東來順的作風，它雅座、房間的貴客，享受上品酒菜，門口攤坐飲食是同等品質，取價卻十分大衆化。

兩天來，壽堂不斷有個思念湧現。這兒如果辦個學院，專收住讀生，該多麼好。又有人說，何妨辦一書院，不是現行制高中、大專、研究所的，這，放在現行教育規格，乃於法不合。但我國歷代書院良好傳承，總不免教吾人有番思古幽情。

我更存心忖念，若是這兒有一所藝園，名之爲「易園」或「逸園」，供詩人、作家、畫家、音樂家專用。有種種書册、視聽設備、以及日常生活所需。這自屬夢想，兩天裏我跟誰也未講過這層意思。倒是不少朋友們在提說，帶了書，來此住它一個月，多好靜心寫作。謝冰瑩就常津津樂道，她上華山幽居寫作的那段生活。冰瑩大姐身在海外，無時無地不在道念著我們這裏的人。

這幾年，文藝界集會上，先後跟李殿魁、鄭向恒夫婦相識。乍見鄭教授，幾疑是三十多年前博愛大廈同事羅着梅小姐化身，容貌、身材、舉止、動作，無不肖似。席間說起，魏子雲、羊令野都也熟識當年那位國防部婦聯分會秘書羅上校。鄭教授顯得太年輕，這兩天同席用餐，我好以鄭小姐稱之。去博愛新村訪問，立展望臺上，憑欄對遠山，我特向她陳說目前壽堂和林海音、古屋二夫（日本中京大學中國語文教授）纂編「中國古典小說集諺」，選書三百餘種，摘其諺句並各書引用的上下文，全書四輯，有呂淑芬，張寶仁、林嫵、李麗娟四人為助，已進行一年多功夫，明年底或可出書。

壽堂更希望，當大陸光復之後，有他人來纂編「中國現代小說集諺」，把民國以來迄於纂編當時（可能為民國八十年），所有中國人，在世界上創作的，非章回體現代白話小說中的諺語，集錄出來。但有「古典小說集諺」問世，高明君子必以壽堂此企望為然。鄭教授伉儷都為中國文化大學華岡教授，素為曉峰先生器重，於發揚華岡學風的宏願之餘，或亦有興致於此。

我眞正希望於他夫婦倆的，乃是能夠主持一項諺語工作的大事，纂編「中國戲曲集諺」。這樁事，是要指導、聚集幾個研究生程度的青年人，以至少五年時間，有相當財力支援，多方蒐求斯能為功。而文化大學特有其中國戲曲教學、研究的豐富基礎。原來，中國戲曲文化遺產之多，較之小說文化遺產，不知要超過了多少倍。首先是國劇這一系統的。其次為南北各地方的戲曲。元明雜劇。還有現代話劇劇本，何止兩三百種。再則為快書、鼓詞、彈詞、寶卷各部門。至於各地俗曲、小調、唱本，那更是多得嚇死人，愈是文盲多的昔日，愈是見其口頭講唱之盛。

「中國古典小說集諺」，以及壽堂的「中華諺語志」（五百萬字），兩部大書出版之後，必能引發同志，於上述「現代小說集諺」、「戲曲集諺」之議，見獵心喜，不負壽堂這番鼓吹。

午飯後稍息，原車下山，不大不小的雨，陣陣白雲，舒卷飄逸。山道蜿蜒，谿谷忽焉在左，忽焉在右。柏油路面雨水閃著亮光，汽車油門只有細細的汽油注入，一點馬達震動聲音也沒有，似若滑行，車速輕快、舒適極了。三十多位朋友，都靜靜的聆聽著，鄭教授古箏獨奏錄音帶，她琴藝二十年功夫，大學時代即已習嗜。先是「春江花月夜」。這十幾年來電臺偶有播放，乃國樂樂章最具高山流水韻致，雅俗共賞。既而，音樂變了，噫！這不是「餓馬搖鈴」嗎？一問，果然。想不到，我這個音樂門外漢，還是民國二十一二年在南京，粵曲的電臺廣播，「昭君怨」、「小桃紅」、「平沙落雁」，風靡都城。我看到粵曲的印本，又聽到過曾也石同學的洋琴演奏。「餓馬搖鈴」，乃情味蕭落，意態疏遠的樂章，五十多年，還不曾再聽過此曲。這古典音樂的識認，竟會這般銘刻心底。張佛千、魏希文、傅雲、芮晉、周烈範等學長，今還有五六十位同學在臺灣，想或同存此記憶。

車近埔里，雨止，白雲高飛，詩情話意的無上美好享受，就此別過，謝謝華欣盛情。

載民國七十四年十一月文壇三〇二期

被偷走的長篇小說「女人」原稿

民國十七年，河南密縣，初習寫作。狂熱銳進，一似頭年激盪全國的革命高潮。迄今六十年，孜孜不倦，寫讀生活，一直緊切關聯著國家社會的脈息。

次年春夏，任四川萬縣蜀東新聞編輯，始發表詩與散文。過南京，爲青白報副刊，寫過一陣。秋冬主編山東煙臺膠東新聞狂濤周刊，文稿全出己手。始寫小說與劇本。十九年，返武漢，職業寫作兩年多，廣及文藝論評、國際、婦女、社會、語文、民俗多方面撰述。著手此生鉅大工程，採集諺語。當時文友，今同在寶島者，魏紹徵、陶滌亞、蔡以典、林適存，涂翔宇，以及民三十七年來此，旋病逝的余克劍（筆名拉寧，與巴金同其語意。克劍爲黃埔五期同學，與紹徵、滌亞之六期，皆文武全才的健者）可謂狂飈的文學生涯。

狂熱寫作，長篇「第一個時代」的經營，不爲賣稿而寫。寫好一直擱著，精心修改。此後，到河北大名，寫少了，發表也不多，潛心閱讀、探究。偶讀開明版孫夢雷「英蘭的一生」，描寫鄉村婦女卑微，遭賤視、凌辱。三流作品，本不欣賞，竟出乎意外，予我精神莫大激盪，更加深體味西方名言：「地底下有流水，人生之中有苦痛。」而思考出一個定律，如果人生苦痛爲一，則婦女苦痛爲二，而中國婦女苦痛爲三。這種悟性、覺解，也可稱之爲悟解。每個人生命過程，總必會發生這麼不多的一兩次。我當爲此，以事寫作。當然，這種悟解，也由於十年讀書生活，哲學、歷史、社會、政治、經濟、謠俗，中國文化以及十九世紀西方諸多不朽文學作品的影響。只是前此未辨識出這一定律而已。

因此寫紀實性的婦人傳近百篇，作素材。深入研究婦女問題，持續十年。「第一個時代」，乃轉變爲以婦女作主體的「女人」。新婚次年秋冬，每夜三點起牀，寫到八點上班。二十五年一月，寫到第四卷，約二十萬字，一時性腦貧血而停筆。也因內容上，發生一些民十六年史事考證的問題。這年冬，去北平圖書館地下庫房，就十六年北平晨報，抄得幾百張卡片。隨又購得民十五六七年「國聞周報」合訂本，半粟「中山出世後中國六十年大事紀」（此書於十五六七這三年記載特詳，佔全書七八八頁之半。七十八年冬，始知編著者半粟，乃史學家李劍農也。使用此書，逾半世紀，常在捉摸，難得這位半粟先生，有心人，把一九二七這個大年代，蒐集了這麼多每日記事的史料。），乃使此歷史小說資證，十分充足。況其時所有閱讀，通吸向於此。

加深寫作準備，時爲批判性的檢閱「女人」原稿，不斷小作修改。深信其憑藉，日益深厚。

盧溝橋事變，晉冀豫魯，敵前敵後，苦戰年餘。調職長安王曲陸軍軍官學校第七分校，第一心願，將「女人」時代背景，自民十三延伸到二十七年，庶使當時大後方一般作家（他們先集中武漢，隨分布於重慶、桂林、昆明）所未克體味到的，抗戰初期許多前線軍民血淚，椎心刺骨的悲苦經驗，獨為我這個小說作者，領有了萬千特異感受，焉可不一一筆之於書？乃將「女人」原稿，細細展讀，以備波瀾闊壯的，打鐵趁熱，往下續寫。

二十八年二月，送岳母返武功。路途中，還帶著「女人」原稿。隴海夜車，破曉，虢鎮下車，皮包被扒。皮包內，一文錢無有，主要裝的是：「女人」，二十七年戰地日記，寫作備忘錄。一疊疊的，好像是為數非少的大鈔票。隨在西京日報登報尋找，毫無結果。此事若發生在上海，但通過幫會關係，準可失而復得。只好重新開始，做了好多準備：更豐富的參考資料，人物表，情節概要，主題分析，故事，語言，時間進程，社會生活與地理背景……等等等。這時期，敵機屢襲長安，使我這個但只在白天寫作的人，思緒給攪弄得七零八落。三點摸黑起牀工作，早已無意再試。

透視人生苦痛，以事小說寫作，還當指出重要的一點。「九一八」前後，十年時期，全國作家大多集中上海，左翼聯盟鼓動，普羅文學「權」傾一時，所有的詩、散文、小說、戲劇，不論作品優劣，我都沒有放過閱讀，敢說批評家錢杏邨（阿英）所不及。那時，未探究佛學，但非完全沒有接觸。我產生了深層看法，豈僅寫工人苦，也當更有深微曲折筆致，剖析資本家精神內在苦痛，只是他有財有勢，自己難於感覺得到。須是佛的心，以看大千世界。要知帝王將相、士庶卑微、貧窮者，凡是世上的一個人，他莫不有其內心苦痛，教佛悲憫。蒙古諺語：「羊可憐，狼更可憐」，說盡此情境。

依共黨二分法，地主與佃農，乃剝削者與被剝削者。因而自始即有清算鬥爭的土地革命。

中國廣大農村，以及內地廣大小縣份的城鎮，這幾十年無辜被殘害的同胞，已近億數，超過黃巢、李闖、張獻忠、太平天國殺人的累積。地主階級固然不乏少數土豪劣紳，但是，南北各地，不論大、小地主，其與佃戶關係，彼此依附，親如家人，乃是絕大多數情形。中共領導階層，十之八九，即出身地主家庭，且屬絕大多數的良善地主。

寫作情緒既常受攪亂，乃取出諺語資料整理，這是隨時可放下手，隨時可拿起做的事。像婦人們打毛線、納鞋底一樣，它絲毫不需什麼情緒支撐。誰知，諺語工作，愈做興志愈益擴張，竟把重寫我第一本書「女人」的大事，一直擱到如今，五十年了。要非奇蹟出現，「女人」不會再寫。

今已七十六，寫了二十年的「中華諺語志」，五百萬言，商務印書館排印三載，猶未畢事。校讀百分辛苦，若非字大，早把有疾病的眼弄瞎了。七十七年底能否出書，未敢逆料。六十載慘淡經營，生命餘年，必成其事，方能心安——要說，這方是朱某一生精力所聚的第一本書，它集結了十萬人採集諺語的業績。難能可貴者，五萬二千餘條中國諺語，百分之八十，乃第一手資料。

「文訊」舉辦「作家第一本書」，是文學的。故以五十年四月復興書局出版的「臺灣紀遊」參展。實際上，「女人」才是第一本書。至於所出版的第一本書，乃是非文學類的「日本的成功與失敗」，民國二十八年七月，中央陸軍軍官學校第七分校所印行。

聶華苓「三生三世」家國鄉土天下情

（本文刊民國九十三年十二月，臺北「中外雜誌」七十六卷第六期，刪節非少，今予補足。）

我是一顆樹
根在大陸
幹在臺灣
枝葉在愛荷華

右，聶華苓「三生三世」扉頁題辭。此書，二〇〇三年十一月，著作完成。二〇〇四年二月，臺北皇冠文化出版公司出版。當該公司創業五十周年，列為皇冠叢書第三三四〇種，「非小說文叢」之三十五。書冊封底的表皮上，出版者為如左的推介：

這本書。她用了一輩子的時間才寫成。

從一九二五年到一九九一年，從中國、臺灣到美國，聶華苓超越了地域與文化的疆界，凌駕了政治與歷史的分野，以一貫細膩優美的筆觸，記述自己曲折動人的一生，抒寫曾相依為命的摯愛母親、為了理想而共同奮鬥的至交好友，以及相知相愛二十七年、卻不幸猝逝的丈夫……

字裡行間所流露出來的眞情，令人動容。

這不僅是聶華苓一生的故事，

更是值得你我深嵌入心的一段大時代的記憶。

聶華苓，湖北應山人。一九二五年武漢出生。一九四八年南京中央大學外文系畢業。翌年，定居臺北。這年，雷震主持胡適命名的「自由中國」半月雜誌創刊。一九四九至一九六〇，華苓一直擔任「自由中國」的編輯和編輯委員，她主編文藝版。每期所刊出的小說和散文，篇篇皆屬上品。我特別難忘者，兩位作家的小說。

童眞，她的中篇小說「翠鳥湖」，一九五八，自由中國社出版。她專寫小說，篇篇、部部，皆有特色。自一九五八到一九七四，十六年裏，在臺北和香港，出版了短篇小說集五部，中篇小說五部，長篇小說六部。創作力之旺盛，非同時許多文友所能及。如「翠鳥湖」，「車轔轔」，「相思溪畔」，「寒江雪」，「樓外樓」等。

「中華民國文藝史」（尹雪曼主編，參與編述者王藍、施翠峰、陳紀瀅、鍾肇政、魏子雲及壽堂等四十一人，民國六十一年六月，臺北正中書局出版，二十四開，全書一〇二〇頁）特指出：

「童眞的小說，絕少女性的忸怩，亦少家庭瑣事與兒女情長的感情糾紛。在『車轔轔』一書中，有對當代文藝界的批評與建議，這是一部陽剛性的作品。」（頁四八〇）

黃思騁，香港銀行界工作。不斷有短篇小說在「自由中國」發表。圓熟、簡練、純淨。對人生、社會描繪，特有深度，少人可及。銀行界高收入的職業，而能有高水準的文學作品，也是好稀罕的事。朱某所以對他印象，銘刻心深。

「自由中國」的文藝版，正似抗戰時期重慶特有分量的「時與潮」，後增出「乙刊」，比本刊篇幅稍小，專載文學作品。其散文、小說，幾篇篇皆屬不朽作品。

閱讀隨手記的卡片上，曾留下三篇目錄：

亦五　二船夫

青苗　老魔鬼

田濤　歸來

評介陳紀瀅長篇小說，我寫了「赤地——良心論」，刊於民國四十四年八月「自由中國」十三卷三期。後連同二十八篇批評文字，收入「文學評論集」（民七十四年七月，臺灣商務印書館，「人人文庫」特七四六）文末校記，有如下一段話：「發表本文一段三十年前的往事，不可不一提。自由中國發行人雷震，處事十分認眞，專差快件來信，特有一番斟酌意見，我依了他，小作刪改。它文藝部分主編人聶華苓大妹，自必也有過嚴格衡量。民國七十四年四月七日」

雷震來信，併同這半世紀當代學人作家信札，於民八十年，悉送與中央研究院近代史研究所，甚得近史所珍視。這三百四十八位時賢高士芳名，經錄存於「壽堂雜憶」（頁一〇一七，民八十八年八月，臺北文史哲出版社版）。

移居美國另闢天地

華苓在臺北十五個年頭，任教臺灣大學及臺中的東海大學，十分忙碌。一九六四，她移居美國，受聘爲愛荷華大學作家工作坊顧問，和詩人安格爾創辦愛荷華大學國際寫作計劃。安格爾，曾做童工，少年貧窮，跟詩人徐志摩之富貴、浪漫，不一樣。聶華苓則出身豪富，但卻飽經戰亂，流浪生涯。這倆人之致力作家工作坊的活動，乃有其堅實作爲，信其必爲純文學的，而少有政治影響。華苓在「三生三世」的外一章「尋找談鳳英——五十年後」有一段與談某的對話說：「你們去了聯大，我去了中大。我不是右派，也不是左派。我患政治冷感症。」（頁一二七）這創作坊，地緣關係，予參與活動者以美國文化的影響，則是可以斷言的。一九七一，她和安格爾結婚，中美聯姻，國際文壇傳爲佳話。

多篇作品三個博士學位

華苓在美，前後獲三個榮譽博士學位。

她的作品，長篇小說「失去的金鈴子」，「桑青與桃紅」，「千山外，水長流」；短篇小說集「翡翠貓」，「一朵小白花」，「聶華苓短篇小說集」，「王大年的幾件喜事」，「臺灣軼事」，以及散文評論集「夢谷集」，「黑色、黑色，最美麗的顏色」，「三十年後—

——歸人札記」，「沈從文評傳」等。多有譯成英、義、葡、波蘭、匈牙利、南斯拉夫、韓國等多國文字。

壽堂的體認，華苓文筆別具一格，不似冰心、蘇雪林、廬隱、馮沅君、丁玲、謝冰瑩、蕭紅、林海音、艾雯、鍾梅音，非閨秀派、野獸派，而近於黃白薇——早期的長篇小說「炸彈與征鳥」，抗戰勝利之初的那首長詩「花兒開在荒涼」。

三生三世，二十餘萬字，全書分爲三大部分：

故園春秋　一九二五——一九四九

生死哀樂　一九四九——一九六四

紅樓情事　一九六四——一九九一

此傳記，信筆寫來，樸實無華，行雲流水，娓娓動人心弦。好似夜空星辰閃爍，字裏行間，每每冒出了對話，跟母親、好友、夫妻間的，彷彿蝴蝶翩翩飛，是其特殊體裁，其意識流乎？

「母親的自白」，如聞其聲：

媒人又上門了，從荷包掏出一張照片。你家家（壽堂按：江漢口語，外婆稱家家）一看就說，嗯，濃眉大眼，天庭飽滿，保定陸軍軍官學校第一期，陸軍大學第五期，三十出頭就當上了團長。爲什麼還沒有成親呢？媒人說，要革命，要打仗呀，命都拚了，哪顧得娶親？家家說，我孫家一兒一女，算命的說姑娘的命主貴，莫不是眞遇到

> 貴人了？家公躺在煙榻上，看了照片一眼，也說不錯。孫家的族長掌管族人的婚喪喜慶，三親六戚都來了。族上的人都說好，郎才女貌，天作之合。哼！天作之合，天作之禍！（頁二四）

著者居留在臺北時期，壽堂夫妻與她母女倆，頗有往還。聶伯母既逝，臨開弔前夕，詩人周棄子以與聶府同住臺北松江路，特有電話，與我商榷次日喪家禮儀諸事。我倆跟華苓之締交，鄉親之誼，談文論道，十分投緣，自始皆以長兄自居，也是其時聶府上無男丁也。喪事不舖張，哀戚肅穆，盡人子之禮。義不容辭，成爲喪宅禮賓。沈剛伯、孟瑤來弔唁，哀悼久之。次日，尼菴誦經，我夫婦亦參與，以紓解孝家哀戚。之後，華苓以亡人遺物深藍色厚毛線衣相贈，青欣然受之。這毛線衣，她三姊妹太應自己家居留用，感受親情溫暖。

「三生三世」，述亡親之逝「誰騙了我的母親？」（頁一九〇—一九七）人子孝思，足可爲國中現代白話文的典範。

文壇彗星乍現的馮馮。馮馮，廣東恩平人，民國二十四年生。「壽堂雜憶」有這麼一段敘述。

> 民國八十五年四月，讀墨人所著「紅塵心語」，其中「久別蓬萊一馮馮」，道出當年文壇舊事，爲我這個書獃子所不及知曉。但有的情況，五十二年八月在鍾梅音家小聚，文友們談論馮馮事情不少；而前此三月間，讀到馮馮「我的自修」一文，更有充分了解。當時馮馮的作品，但有刊出，我必迅速讀到，十分看重他有若文壇的彗星。

墨人提說到馮馮這位神童，初中畢業，來到臺北，考入外語學校，結業後，任陸軍總部翻譯官。四十九年，奧國維也納納富出版公司，編印「世界最佳小說選」，中國文藝協會開會決定，推選了周君亮、高陽、公孫嬿、墨人四人應徵，由馮馮翻譯爲德文，三天交卷。五十年，墨人的「馬腳」入選。另蕭傳文自己投寄的，也入選了。同時入選者，七十多國的名家。次年，墨人以江州司馬筆名，投寄了「小黃」，又入選了。馮馮也有一篇小說入選。蘇聯作家諾貝爾獎金得主蕭洛霍夫，以及大陸郭沫若作品也在這選集裏。

自此，馮馮一舉成名，救國團讓他到處露面。而引起人家的嫉妒。隨之，馮馮長篇小說「微曦」出版，更成爲被中傷、打擊的箭靶。他遠走加拿大，仍不斷受到來自臺灣的謠言中傷。七十五年，墨人在佛教雜誌上，讀到馮馮的文章和「天眼、慧眼、佛眼的追尋」這類書名，才知他是具有大慧根的居士。壽堂曾細讀其「微曦」，許爲佳著。

八十三年，馮馮在國父紀念館開演唱會，收入一千多萬元，全捐給證嚴法師的慈濟醫院。他三十年未回臺灣，還有人不放過他，攻擊這位清修得道，文學、語言、音樂方面的天才。馮馮是年歲最輕的小老弟。疼愛他都還來不及，怎麼會偏有年長者，妒火中燒，看他不順眼？幸而只是極少數，極少數的。我不想去查詢究竟。（頁九四四）

恕我這一段枝蔓。在此，特說馮馮者。乃因聶伯母喪子之痛，華苓弟漢仲，爲長子，一九四四，高中畢業，瞞著母親，考取空軍，任飛行員，一九五一，二十五歲，嘉義例行飛行失事，殉職臺島上空。（三生三世，頁一七三）聶府也知曉馮馮，相識而有往來。老人家視馮馮如么兒。十分疼愛這年輕人。馮馮去國後，少有作品發表，文壇上一大憾事。所有愛重他的文友，莫不深深痛惜之！未知華苓曾與這位弟臺有過連繫否？我與馮馮相識，更有個特別深刻印象，他去國之前，曾在臺北火車站對過的街頭，邂逅相逢，只說了那麼幾句話。

少年勵志，文壇奇才的馮馮，太應該受到愛荷華工作坊的看重也！

威權時代，「自由中國」之受迫害，乃是轟動國際的大事。「三生三世」中的記述，正是歷史性的論證，春秋史筆，彌爲可貴。如華苓身分者，當時皆必隨雷震繫獄。一夕數驚，華苓也極有被拘捕的可能，不知緣於何故？她竟能倖免此災禍。

雷震有不少的致華苓信函，收入「三生三世」書中。

連帶的人物殷海光，臺灣大學哲學系最受愛戴的教授。他只活了五十歲。文化上的思考，特信服全盤西化，看重西方文化。也住在臺北市松江路，與聶伯母時有過從，老人家喜其率眞，一般人看殷某則有些古怪、孤僻。其人其事，「三生三世」留下了好些稀罕的記載，錄其一二：

你批評他？也可以，只要你有道理。母親常常指點他說：殷先生呀，你實在不通人情！他仰天大笑。有一天，母親向他借一個多餘的空玻璃瓶，他繃著臉，煞有介事地：不借！我衝口而出：實在可惡！他哈哈大笑。我回頭說：我在說你呀！他又大笑一聲，咚的一下把門關上了。

殷海光談到他夢想的莊園，眼睛就笑亮了：我有個想法，你們一定喜歡。我夢想有一天，世界上有一個特出的村子，住在那兒的人全是文學家、藝術家、哲學家。我當然是哲學家咯！殷海光哈哈大笑，繼續說：我的職業呢？是花匠，專門種高貴的花。那個村子裏，誰買到我的花，就是最高的榮譽。我眞想發財！他哈哈大笑。殷海光想發財！只因爲有了錢才造得起一個莊園呀！大得可以供我散步一小時。莊園邊上環繞密密的竹林和松林，隔住人的噪音。莊園裏還有個圖書館，專存邏輯分析的書籍。凡是有我贈送借書卡的人，都可以進去自由閱讀。但是，這樣的人不能超過二十個，人再多就受不了了。他皺皺眉頭。（頁一七九）

聶華苓對此思想家所下的結論：

殷海光一生不斷地探索，焦慮的思索，思想道路不斷地演變。他崇尚西方文化，但在多年之後，他開始對中國傳統文化重新估價，逐漸承認傳統的價値了。在他生命的最後一刻，他斷斷續續地說：「中國文化不是進化而是演化，是在患難中的積累，積累得異樣深厚。我現在才發現，我對中國文化的熱愛，希望再活十五年，爲中國文化盡力。」（頁一八九）

時代的賢者、智者、勇者，殷海光深於思考，不愧爲炎黃子孫。他要能活到古稀之年，留下幾部宏觀微觀並重的著作就好了。對於殷某，傳斯年慧眼相識，乃長歎三楚有材也。

三生三世並非小說書，定要引人入勝的情節，無奈其值得錄舉的部分，委實太多太多。讀者進入此書中世界，目不暇給之感，排山倒海而來。若說八年抗戰之初：

一九三七年我考進湖北省一女中初中。

一九三七年七月七日，日軍在蘆溝橋挑釁，抗日戰爭開始，接著是八一三，日本在上海以公共租界為根據地，發動戰爭，全面抗戰開始了。日本在漢口的僑民早在八月初已完全撤退了，國民政府在年底從南京移駐重慶。上海南京相繼失守。我們那些小女孩也排山倒海地參加抗日活動，去醫院慰問傷兵，唱歌給他們聽，代他們寫家書，分送慰問品，上街募捐。幾個同學一組，舉著小旗子，去機關、商店，去住戶人家，去酒館飯店，攔阻汽車。我們也演王瑩的街頭劇《放下你的鞭子》，演得聲淚俱下。

（頁六八）

詩人情書歷史圖片

詩人安格爾寫給華苓的情書，並不綿長，英文漢譯，給收錄在「三生三世」裏。難得的是，譯筆一絲也無歐化體的痕跡。而女方的情書未予錄出，不像魯迅、許廣平「兩地書」那樣。

書中插入許多歷史傳眞的圖片，極為珍貴可喜，足與文辭之多采相映發。如「一九五二，在雷震夫婦寓所，我在一旁，靜聽胡適和雷震談論國是，几案有茶與盆花。」一九五六，殷海光和夏君璐結婚，我們闔家去慶賀。」「一九五八那年，胡適和『自由中國』在一起」。自由中國同仁近二十人，胡適坐中間，右旁華苓，三排中間，立雷震，他特顯得高壯挺拔。前排五位男士蹲坐地上。「我在雷震、殷海光、夏道平那些人身上看到的，是為人的嶙峋風骨，和為人的尊嚴。」「我望著兩個快樂的小女兒，心想：但願她們有免於恐懼的自由。」「Paul 說：從那一刻起，每一天，華苓就在我心中。」（頁一三七—一四〇）

寄望再寫跨世紀之作

愛荷華工作坊，乃國際文壇極難得的壯舉，今已經營三十餘年，可述說的文壇繽紛，當不在少，惜本書著墨不多。

讀畢「三生三世」，細細玩味之餘，壽堂特有兩點希望。

希望聶華苓寫一部內容豐盛的長篇小說，要涵蓋二十世紀到二十一世紀之初，全世界上中國人的社會生活及其心路歷程。海峽兩岸，所有海外華僑。這二十多年來，壽堂前後曾向寫長篇小說已有定論的近二十位作家鄭重提出過此懇切希望與建議。今謹寄望於「三生三世」的作者。

華苓青春永在，今並非老耄之年，希望她有如勇健者王雲老，既刊出了「八十自述」的巨著，復有續篇繼之。當以述說愛荷華工作坊為重點之一。拭目以待，更光輝燦爛的篇章，以啓勵後生小子。

敬錄屈賦千古絕句奉勉：

紛吾既有此內美兮，

又重之以脩能；

扈江離與辟芷兮，

紉秋蘭以爲佩。

（離騷）

民九三、四、六

「逆流而上」平鑫濤

——兼說建議中央電視臺拍攝「長江風暴」

逆流而上　平鑫濤著

皇冠叢書第三三四三種　非小說文叢36

民國九十三年二月　臺北皇冠文化出版公司初版二十四開　二三七頁　標明爲平裝　實係上等精裝　且爲「蝴蝶」裝

八十多年讀書生涯，所讀到的中外古今人物傳記，不論本人所著，或他人撰述者，少說總在千種之數。其書名之極見氣魄，勵人心志非常，再無過於「逆流而上」的四個字。平鑫濤無愧於繼林海音之後，瘂弦之前，當了多年聯合報副刊主編，標題高手，遣詞用字，少人可及。

壽堂出生於江漢地區，青少年時代，自上海，武漢、宜昌，過三峽，經歷過不少長江行舟逆流而上的景況。先說三峽，民十八年春，自武漢溯江而上，去四川萬縣。三峽險灘甚多，江面不狹，過灘時，乘客全都下船，沿江邊行走，險濤橫蓋整個江面，輪船以數根粗巨鋼纜繫於江邊石柱上，輪船鼓足馬力，「絞灘」而上，不是拉縴所能爲功。江流險濤湍奔而下，西邊崖石上，刻滿了歷年輪船在此失事的紀錄，好是驚人心魄！

民九十一年初夏，自武漢，經三峽，過重慶、成都，登峨嵋。由於三峽大水壩工程，以及歷年峽江炸灘的作爲，三峽中的險灘，已全數化險爲夷。炸除峽江險灘江中礁石，乃是民二十年之後的事。前此，雖有這樣擬議，但川省當局並地方人士深信風水之說，認爲炸除三峽險灘礁石，大大破壞了四川省的好風水。後此水利工程，治河專家。摒棄舊說，乃得勇於爲之。

萬里長江，既通過了山岳地帶，自宜昌以下，江面乃形寬闊，武漢最闊處逾五公里。無論枯水、滿水期，宜昌以至上海，萬噸巨輪，通可航行無阻。如今要看峽谷激流洶湧。似只有長江高源地區的虎跳峽了。

就武漢大江行舟情況說，木船、竹筏，巨大海輪，平日江上風光，眞個是千帆無盡。但遇到大風暴天，大江發怒了，江中波濤翻騰洶湧如小山，中流激湍，長江流速比之平時，加倍的快，因爲老北風逆流的，似從江底掀翻起巨浪——不似那淡淡三月天，「南風流水」之順暢、悠然漂蕩，「烟花三月下揚州」。

武漢江面行舟，昔年我既領味過不少南風流水的悠然境界，卻也經歷過不少次大風暴天勇渡長江的險危，乃我夫婦青少年時期刻骨銘心的憶念之所繫。

風暴天，「禁江」了。那近萬噸的巨輪勉強沿江岸行駛。惟張帆乘風急行的大木船「擺江」，在波濤中闖進。也有「沔陽划子」小木船張帆以行。

不論自武昌黃鶴樓頭，順流渡江到漢口江漢關碼頭，或漢口到武昌，逆流而上。當那可怕的大風暴裏，老北風掀起的狂瀾，不論順水或逆流，大江上皆是一體的老北風逆流飆飄吹送。

這話怎地說？「爾雅」「釋天」——「暴風從下上，是謂之飆。」老北風掀天倒地，排山倒海而來。時或，狂風淩厲而下，那浪濤給激成漩渦，形勢可怕極了！昔人詩的描繪：「捲起千堆雪」。雪，浪花也，白浪滔天也。

說武漢風暴天的大江狂濤，乃在點出本書著者大名——濤！

平鑫濤出生於上海，大學畢業後，始離滬來臺。這五十年來，他夫婦，歷經不少的逆境，使得皇冠文化集團事業輝皇，超乎同時間許多同業的成就。瓊瑤的小說寫作，超前了五四新文化運動以來，逾百數女作家的業績。

不僅此也，當代男性作家，若張資平，老舍，巴金，南宮搏，姜貴，高陽，與瓊瑤相比，也皆望塵莫及。

文壇、出版界、影劇、電視——夫婦倆共同致力的「還珠格格」連續電視劇，更是在全世界紅遍了天。

「逆流而上」，以質樸、簡潔、親切的筆致，爲讀者寫下了這部極度優勝的自傳。生命歷程裏，呈現了多種變不可能而爲可能的業績。

青少年時，讀過不少勵志哲學的書册，卻無過於這「逆流而上」的激人心智。

胡適之先生，屢屢勸說人家寫傳記。他自己只寫了「四十自述」，語焉不詳，少有下筆於人生心路歷程的剖析。倒是葉青（任卓宣）寫了「胡適批判」，書比「四十自述」厚二三倍。其時，葉青雖已脫離了共黨，而思想中難甩脫馬克斯的觀點，此批判書未盡平允。適之先生本應好好寫一部自傳的，惜乎正像他的「中國哲學史」只寫了上卷而已。

說平鑫濤的自傳而及於此，在學術史上言之，或者不算是廢話。

由於聆聽講學，而熟識了瓊瑤令尊陳致平教授，屢有晤談。民五十年前後，又跟她娘舅袁行濂老弟共事好幾年。因而常說起這位閃亮文壇的人物。應是民六十年左右，在一次藝文座談會上，與陳教授相遇，比肩而坐。一俟座談告一段落，我特地邀請他至另一小室，倆人懇談了大半小時。瓊瑤文學創作的高才，曠世少有。只是鶯鶯燕燕，卿卿我我，未免浪費筆墨。怎不像舊俄時代屠格涅夫呢？其六大名著反映了時代，也嚮導了時代。瓊瑤但要跨前一步就是。

陳教授極以我這建言爲然，頻頻點頭讚嘆不已。未知當時他有否說知鑫濤伉儷否？

建議中央電視臺拍攝「長江風暴」的特別節目。此因前面屢說武漢大江上風暴事相而引起。

如今的長江，上下游所建的巨大鐵橋，已有十好幾座了。僅武漢市區，共有三橋，上游六十里的金口，更有第四橋。鎮江、揚州間的，這五座長江大橋，我皆曾通行過了。大風暴天，木船張帆勇闖狂濤，應已十分罕有。只是，萬里長江風暴天的景觀，太應爲之「攝影傳眞」，長江大橋上正是拍攝工作者極佳好的立足點。
勿庸朱某嘵舌。中央臺組織了各地方臺來做。此事實優於爲之，乃史地、文化、藝術、科技所亟切期求者。

歌德像右

這幀珂羅版11×15公分的彩色歌德半身像，應爲他七十多歲時的形貌。民國十九年秋，住武昌豹頭堤街五十七號小樓，時鄰舍不論小屋還是深宅大院，都爲平房。勤於寫讀中，不知是否從專書還是「小說月報」裏，剪取下歌德此像，領到稿費，即去裝了好豪華的鏡框。只因其所佔位置不大，又不沉重，懸之座右，春來秋去，不道今已時過六十年了。跟我夫婦，飄蕩了南北好多地方。好多人，活不到這如許歲月。在這歲月裏，人類社會的遭遇，似有甚過於已往任何年代。

當年，我的寫讀生活，關起房門，孤獨進行。不道而今，青病垂危，將離我而去，這十個月來，我重歸孤獨——青入醫院，即躺臥難起，兩月後，便不能言語。

垂暮之年的孤獨，壽堂頂多能活十年罷。不知這短促歲月，我還能寫下點什麼？暌離大陸，已是四十餘載。

歌德，活到八十三，我今七十九。

民國七十九年五月十四日

泛論抗戰文藝

序說

釋題。文藝，本爲文學跟藝術的簡稱。但時下人們另有種概念，以爲文藝乃指新文學的詩、散文、小說、戲劇。使得文學、文藝兩辭頗相混淆。流行口語有「文藝作家」、「文藝小說」的說法。後者別於武俠小說、偵探小說、推理小說，卻與愛情小說相同，似又有異。分析起來，非三言兩語可說得清楚。

本文之論文藝，是指的文學跟藝術各部門。

手頭恰好有幾部書，涉及到抗戰八年的文藝史實，茲依出版先後列舉之。

中共統戰戲劇　丁淼　民國四十三年七月香港亞洲出版社

三十年代文藝論叢　陶希聖、玄默、林語堂、黃樂水、梁實秋、唐柱國、趙滋蕃、宜荆客、童軒蓀、斯慕光、博我、曼夫、毛一波等撰　民國五十五年十月中央日報社

大陸文藝世界懷思　朱介凡　民國五十八年五月臺灣商務印書館

現代中國文學史話　劉心皇　民國六十年八月正中書局

中華民國文藝史　丁衣、上官予、王藍及壽堂等四十一人分撰，尹雪曼總編纂　民國六十四年六月正中書局

三十年代作家記　陳紀瀅　民國六十九年五月成文出版社

中共文藝統戰回顧　唐紹華　民國七十年七月文壇雜誌社

另外，當然還有些相關的書，得往圖書館查考。

十幾年來，各報刊每年都有一度集中的研討抗戰文藝。海內外更有治文學史、藝術史的專家們，進行一系列的深刻纂述，如夏志清、周錦、水晶、應鳳凰諸位先生。還有外國朋友的專題研究。

「文訊」這次特刊，好多位先生們的鴻文，必就其犖犖大端，有透澈陳述，因置身抗戰司令臺所在的武漢和重慶，更是見得眞切。我無妨以雜碎式寫法，爲諸公論證小作註腳。

特刊主旨指明要說抗戰八年文藝諸事。壽堂淺見，以爲當依其前因後果關係來探討，則抗戰前夕，以及抗戰勝利初期，一些較爲凸出的藝文事態，不可不順筆提提。約略的說，本文關聯中國現代史的年代，乃是民國二十四年（一九三五）以迄三十六年（一九四七）。如此延伸了時間來談說，才妥貼入題。

歷史之流，非可以抽刀斷水，若就其前驅與餘緒而言，從九一八事變直說到中央政府遷臺北之前，也不爲過。

又，人所周知的幾部長篇小說，雖是作者三十八年來臺灣以後所寫，他的主題乃在十分

激情的，表現抗戰大時代的中國。試隨手舉一二例。陳紀瀅「華夏八年」，王藍「藍與黑」，楊念慈「廢園舊事」，紀剛「滾滾遼河」——萬分告罪的是，還有許多好作品，未能於此提說周全。所幸，我已早提說過上述文藝評論、史實諸書。

一個主要問題

不管就現代中國歷史，還是就現代中國文藝史來考察，現代中國文藝發展的主流，始終跟中華民國緊結在一起。中共雄據大陸，役使文藝的種種作爲，只表現爲一股逆流。況且，其地下文藝，伏流洶湧。無名氏的歸來，不是一個顯例麼。還有早先的姜成濤。

中共統戰，固然騙弄去不少的文藝界人士。可是，我們卻深深體認到，若老舍、沈從文、巴金等人，其創作之燦爛輝皇，乃是生活在中華民國自由安適的統治時代，及陷身赤色大陸，文藝創作生命全給扼殺。老舍乃至折騰而死。沈從文只好搞考古。巴金筆頭，生銹久矣。

這三十多年，滯留大陸的文藝界人士，頗有給戴上紅帽子的。但我以爲，這些人的作品，仍應收入在我們的賬上，不必排斥它、甩棄它——當然，需要加以檢視、分辨。

面對吃中共奶水長大的年輕人吳榮根、孫天勤、王學成最近相繼駕機歸來，還有更悲壯的卓長仁等六義士。我們能對大陸文藝界人士老、中、青三代，不百般包容麼？凡矢志於文藝創造的人，中外古今，未有不以自由自在、獨立自主的精神，而能發揮其才學的。說到這裏，好教我們無限悲憫。

先總統蔣公，嘗以「不爲敵人，便是同志」，號召中共幹部。三十年奮勉爲臺灣一切成功榜樣，深植全世界上中國人的心深。大陸普遍人心思漢，十億同胞，誰不傾心於我，就是那極少數極少數不到百人的掌權份子，可能也有思想動搖。

否則，紐約時報駐北平分社主任克里斯多佛·雷恩，英國廣播公司駐北平記者史提夫·杰西爾二人來臺灣渡假，特地訪問歌星鄧麗君，就不會說到目前中國大陸流行的笑話：「白天是鄧小平掌政，晚上則是鄧麗君。」（民國七十三年一月八日中國時報九版）一葉知秋，這笑話的影響與發展，是不可以估量的。

中國的怒吼——抗戰歌曲

用不著忌諱，我想，「文訊」主事人也應可有此擔當，不會刪去這一小段話：「義勇軍進行曲」，給中共取爲「國歌」，且撇開不論。這首歌指證中國人「以血肉爲長城」，把九一八事變以來，白山黑水的悲壯精神，長城抗戰，八年的全民奮鬥，都極簡切有力的道說出來。它應是抗戰歌曲的前驅，跟「松花江上」、「長城謠」的風格不一樣。

近十年，「東北文獻」連續刊載不少東北抗日義勇軍的戰史，不知撰述抗日大戰史的諸公，有否攙與這方面應有的史篇？於此，順筆建議詩人王大任、小說家紀剛，還有記者頭兒劉毅夫，三位東北當家的，不妨查詢查詢。看，朱某又多管閒事了。

且說，民國二十六年七、八月間，我在廬山暑期訓練團第二期受訓。上期調訓者，全國中等學校校長。此期則爲全國陸軍團級以上的部隊長、政工人員以及一部份文學校的軍訓教官。全團三千餘人，陳誠任教育長，主持早晚升降旗。他特別代表團長　蔣公講述主課「抵禦外侮與復興民族」，不止講十小時。說的皆屬國家機密，使人心血沸騰。只因西安事變，這機密的大端已爲敵方洞悉，所以他迫不及待，發動了盧溝橋事變。其時，北平南苑戰鬥慘烈結束，「八一三」淞滬之戰猶待開始。全國軍隊都已動員，上海方面，最爲緊張——華北方面，由於我們早有十倍於二十九軍的兵力，已在各方前進位置部署好了——不斷有部隊陸續調集而前。他的軍、師、旅、團部隊長，不能等待五老峰下的結訓，必須先行離團。於是，每天黃昏前的降旗，出現了勇壯激昂的場面。陸續五六天，每天有十幾位部隊長（旅、團長皆爲學員，軍、師長任各級隊職），被請上司令臺，接受大家敬禮，然後全團列隊，下望鄱陽湖，齊唱抗戰歌曲，歡送他們這一行人下山，趕往淞滬外圍地區，回歸列陣前線的部隊。自教育長以下，誰不心懷悲憤，熱淚盈眶的高唱：

槍在我們的肩膀，
血在我們的胸膛，
我們捍衛祖國，
我們齊赴沙場。……

這歌、辭、曲似都不怎樣，但恰合這第二期盧山暑期訓練團的情境。暑訓團後來產生了擬想教育計劃之初所未曾想到的作用，使全國統兵的這些將校，經過這一番風雨故人來的交往，後來四川、廣西、綏遠、東北各方調在同一戰區作戰的部隊，大大提高了協同、支援的行動。以前，哥兒們可是各不相識啦。將領們只是彼此心儀已久。

初冬，騎兵第四師在山西祁縣回師沁縣，行軍白晉公路。有位「大衆的歌手」，身個不高，十七八歲，姓名如今我還記得清楚：張永全。是自行投效，還是經人介紹而來，就記不起了。當時，師政訓處很是留用了幾位青年流亡學生爲服務員，而並未仔細考察其個人，只因一個共同信念的情致煥發——凡是參加抗戰，咱都歡迎。在行軍途中，大家齊唱「教國軍歌」，還有「槍口對外」的歌。旣出東陽關，部隊駐河南涉縣、山西遼縣，沿著清漳河，山路蜿蜒，達二百里。張永全在駐地教士兵唱「松花江上」，引得許多勇士哭泣。由於本師軍官、士官幾全係東北人，兵也有部份是。

次年二月，日軍攻入東陽關，沿白晉公路，南下晉城。我們轉進敵後，作戰於河北、山東、河南、山西，總之是太行山內外，津浦、平漢鐵路兩側以及黃河北岸地區。但凡遇到流亡學生、民衆自衛隊、游擊部隊、少年、孩子們，時聞抗戰歌曲，唱出中國的怒吼。

九月，調職在長安王曲的中央軍校第七分校。十五期學生在校。之後，十六期、十七期學生最多，有十好幾個總隊。東南西北各省的中學、大學生、青年公教人員，還有部份行伍軍官，紛紛來應考入校。當時，本校在成都，全國共有九個分校，以七分校獨大。各總隊分駐蘭州、鳳翔、鄠縣以及散居王曲周遭四十里好幾十個村鎮內。同學們十之八九，家鄉多已淪陷，身受國破家亡之痛，莫不精神激奮，潛心向學，特別表現在朝夕的歌聲中。

「怒潮澎湃」的黃埔校歌，只在典禮場合才唱。升降旗、出操、收操、早點名、晚點名，一天至少有六次齊唱抗戰歌曲。最壯觀，振人心魂者，是總隊的集合，各個中隊分自四面八方而來，歌聲陣陣相互激盪，交織、超越、渾合，如海潮奔騰。至於，兩三個總隊集合於校部大操場。還有各期學生畢業前的集訓。則抗戰歌曲大合唱的情勢，更見雄偉非常，可惜無有錄音下來。這種感人的歷史性的場面，很可能是音樂家們罕有遇到過。乃是積甲午戰爭以來，把全中國人的悲憤，苦痛心情，都唱了出來，十足的陽剛之氣。

這情勢，也可說空前絕後。民國十五年到十六年夏，在武昌兩湖書院的軍校武漢分校六期，也就是謝冰瑩大姐進女生隊的那一期，史稱革命高潮時期。男女青年志士們，也常唱著革命歌曲。這三十多年，我們唱反共歌曲、愛國歌曲、更有好多次的萬人大合唱，令幾位大音樂家李抱忱、談修、汪精輝、李中和、李世傑、申學庸、姜成濤歎爲觀止者，也不若七分校學生那樣奮唱抗戰歌曲，海潮激盪，聲蓋原野的光景。王曲師生，今在臺灣與海外各地，少說也總還有七八千人，可證吾言。

歷史指證，只因那是抗戰建國大時代。

那年，我帶了兩歲多的秋兒，入長安城，在珍珠泉澡堂樓上盆塘洗澡，孩子給熱水燙得高興，也唱起歌來：

起來罷，

起來罷，

祖國的孩子們。

堂倌在外面走道聽到，竟然深是感歎，且提出中國老百姓其時的共同評斷，說：「咳，這麼小的孩子都會唱抗戰歌曲，中國還會不打勝仗？」

秋兒以肺炎，住鄉下，藥品供應不及，三歲半，二十九年春寒，夭折於曲江池。人生遺憾之至，寫「哀秋兒」詩五百行以悼。最難忘的是，盧溝橋事變前兩個月，帶她自曲陽至北平，買輛籐製嬰兒車，夫妻倆推著她，熟睡了，出進太廟。在電車上，幾次遇到西洋婦人，人家多美讚這個中國女娃兒。

這一節敘述未免枝蔓。不過，凡此處所，皆關聯到「抗戰文藝」四個字上，是歷史過程、社會生活的背景所在。以下各節，必須緊束筆致，各題都只點到爲止，方可多說些事。特此書明，謹向讀者告罪。

中國藝術歌曲

以幾個美術專科學校，還有大學音樂科系，教會女子中上學校爲推廣的中心，中國藝術歌曲演唱，早於民國十年前後，已在國內南北各大都會發展起來。自革命軍北代之後，我在武漢、南昌、萬縣、南京、上海、煙臺、北平、長安，都有偶而聽到過。不知怎地，印象不深。

民國三十年夏，至重慶中央訓練團受訓，也就是敵機連續轟炸，造成重慶大隧道慘案，窒息致死者萬餘人的那段日子。團裏新落成的國民大會堂，還有在市區的抗建堂，我聽過幾次音樂會，大都係中國藝術歌曲，且以女高音獨唱為佳好。回到長安，西北音樂學院所舉行的音樂會，還有一些勞軍演出，中國藝術歌曲，跟滿街上、滿田野的抗戰歌曲，齊同發展。而抗戰歌曲，也有部份依藝術歌曲的唱法來表現，具有十分的美感。

這三十多年的臺灣，凡聽中國藝術歌曲，就總想起民國三十年前後，抗戰情勢最吃緊，在重慶、成都、昆明、長安、蘭州，音樂家們貫注其高度情感，為大時代軍民唱藝術歌曲的那番情景。陷為淪陷區的南京、上海、北平、瀋陽、長春、廣州、武漢這些地方，雖也有人們唱中國藝術歌曲，但是其腔調、韻味、情緒、氣氛，可就另是一回事了。

治現代中國音樂史者，或有人於此加以分析麼？

水晶先生，倒是在中國時報副刊，很發表過幾篇流行歌曲的文章，頗具獨特高見。他所提到的那些流行歌曲，令人難忘民國三十六七年首都南京城的種種光景，金元券貶值，電燈不亮，大批大批自江北湧來的難民，其中不少人是遭共黨清算鬥爭，掃地出門的農民。寫到這裏，我想起其時人們心情的沮喪；可是，對照民國七十三年開春的今天，海峽兩岸情勢又如何呢？這一切一切，自必都會鉅細不遺，反映在文藝生活上。

平倭樂府

抗戰勝利未久，壽堂還滯留長安鄉下。鐵道、公路交通，未完全修復。有人從陝西回浙江老家，竟然繞道而行。越秦嶺，走川陝公路，經成都而重慶，再乘船東下。硬未走隴海鐵路的直徑。

但是我好高興的是，終南山麓，天天可看回歸到南京的「中央日報」，不再是土紙印刷、油墨污污那般戰時面貌。是空運來的。

也有「新民報」和上海的「大公報」、「申報」。當然，也看到自己鄉土的「武漢日報」，而並未不再看重慶報紙。而長安的「西京日報」、「秦風日報」，畢竟是上午最先閱讀。

在關中地區，讀這些報紙，我的感受，同於所有的讀者；所不同的，壽堂頂頂欣賞大詩人盧前（冀野）主編的中央日報「泱泱」副刊——假如今天有人把盧氏主編時期所採用的詩文，蒐集輯印成書，一定會發現有許多許多了不起的文彩彪然。以今日影印技術的利便，做起來眞是好輕易。但是，你可得要加以銓釋方可。切忌走不肖書商的下作路子，雜湊付印便出手。只因當時京滬渝漢的報紙，好些人搶著看，我難得剪存其百分之一二。

三十六年夏，自武漢到南京，三十七年冬，才離京來臺。紫金山下兩年，天天必讀中央日報和新民報、曾去首都通志館拜訪盧前，所談者自是「泱泱」，也許還談到他手抄「歌謠周刊」的事。其時，「泱泱」似乎已非他主編。這一點，彭歌兄當不難查出。

塵封久矣的是，壽堂「集謠第三」册卷第五十八頁，竟然剪貼了民國三十六年十一月十四日南京中央日報「泱泱」副刊的這篇珍貴文獻。全錄之。謹表我們對抗戰建國大時代詩人們的至高敬意。

平倭樂府彙編自序

·余伯勛·

抗倭之役，我曠古未有攘外苦戰也。遘難之久，動員之衆，死事之烈，破壞之慘，史無前例。故一旦聞捷，彼孽子孤臣感激零涕之餘，眞不知何以宣其內心愉快！且是役也，獻俘凡百萬，積甲齊熊耳（按，今地學家總稱陝西商縣，陝縣東至河南宜陽、澠池諸山，曰熊耳山脈。），卒碎侵略強權，挽民族厄運，湔百年之恥辱，復萬里之版圖。戰果豐，亦史無前例。其輝煌炳耀，又宜如何爲詩人表彰諷揚以昭永久者也！是故一時國中人，能詩者，莫不有其詩，善歌者，莫不有其歌，萬篁齊鳴，蔚爲一代樂府！顯中興以來，舉有關勝利之文獻、史學、圖影，具有專集，獨此大時代合唱之收輯，尙付闕如。其憾爲何如耶？

勛不才，睹此珍貴史料之不可無存，民族光輝之不可掩晦，因發願搜求，以補邦人憾。三經寒暑，窮海內報刊千萬幅，類纂之，得古風、律詩、絕句、詩餘、散曲、新詩、民歌，凡九百餘篇，二百餘家；其體，則四言、五言、七言、雜言、長短句，自三代迄近世歌詠制式，無不具。以視三百篇，樂府詩集、全唐、花間，雖各有科舊，然以吉日良辰數百人同聲鼓吹，及盡集三千年來歌體於一爐，誦之紙上則辭藻繽紛，被之管絃則鏗鍧鏜鎝，其盛實前所未有。百代人文，萃於一朝，此中殆有中興間氣，非徒武功不朽也！

抑余因輯錄之便，復得覘大戰中我文化轉徙之跡，蓋余集取材，處牛得自巴渝及京滬三隅也。夫陪都本蠶叢區，自爲行在，海內血氣之倫，相率奔止，因而廢墟上絃歌不輟，成一時人文鼎盛勢。夷改宋南渡而詩人慷慨激昂之所以咸集江左者，與此正同。至若申江流域，戰前向爲文化中心，沈淪後，孑遺至多；有節之士，蠖屈經年，久歇聲響，乍睹旌旗，亦不覺鬱情齊吐，與陪都桴鼓應。其勢一若洛鐘之于銅山也。至首都所在，向亦政教之樞，自人文西徙，甚憾荒涼，故收京之頃，余雖留意聲歌，終鮮所獲。洎還都以後，入蜀詩人，相率東旋，報章歌吹，始復舊觀。獨是今而後舊日陪都聲華，轉將因此消歇！書至此，不覺悵惘隨之。嗚呼！人傑地靈，滄桑理在，後之讀斯集者，能無警于盛衰興亡之感乎？

中華民國三十六年抗戰第十週年紀念日，澤修余伯勛序于金陵玄武湖客寓。

余氏所集，未知出書否？或選稿業已湮沒。他本身乃是位才氣洋溢的詩人，觀此序文筆可知。前此，我很爲這部書的命運，揣測不安。今撰本文，乃覺無須考慮。何不請老中青男女詩人十餘位，或主持指導，或實地搜尋，或位居諮詢、評議，選定盧溝橋事變以來十年的主要報紙、期刊各二三十種，間及個人與詩社的詩集，但能得那方面財力支援，期以兩年時間來選輯，很可能會超出余氏獨力辛勤的業績。

抗戰文選

二十七年秋冬，在長安買得兩種「抗戰文選」。一種全書四册，拔提書店出版，三十二開，白報紙印，淡綠色硬封面紙的平裝本。在出版物資缺乏的當時，算是相當考究。文告、新聞專題報導、人物特寫、散文皆有。比起另一種來，它特別顯得四平八穩。從其編刊體例上看，它只止於這四冊。不知後來出續集否？

另一種，非著名書店所出，紙張、印刷都差。也爲三十二開，書比前一種略薄，近百面。編得很活潑，立場顯然偏左。好像還選有短篇小說。它是一直要往下編刊的體例。我買得了第一册到第七册。

八年抗戰，以及勝利初期，想必還有不少同此性質的書。

時間已過去四十年了，後兩代子孫都已長大成人。

今天，如果有「抗戰文選」的編集，定比當初的這兩種爲充實切要，足以典垂後世。

「中國的空軍」，兼說梁文銘抗戰史畫

民二十七年八月下旬，自黃河北岸敵後到洛陽開會，坐一小段火車。其時，平漢路漢口鄭州間，轉隴海路西至寶雞，屢遭敵機襲擊，仍然勇敢挺進，通達無阻。我坐上的這列客車，可能起站自漢口。車上擁擠的乘客們，閱讀的竟然非全爲報紙，而是不少人興致勃勃，看一本十六開的雜誌：「中國的空軍」。我隨即買到一册，稍稍展讀，立即受到極大鼓舞。

中國空軍以寡敵衆，屢創勝利戰果的神勇，中外同欽。「中國的空軍」，所有報導、特寫，字字篇篇，無不激人心魂。尤其雜誌名稱這個「的」字，白話文風致十分。如今，此雜誌仍繼續編刊。若有國文教師以此的字多餘而予删去，就會教人頓覺其歷史精神之削弱。

三十六年到四十年，壽堂服務空軍渤海大隊，跟這些駕野馬式 P-51 驅逐機的勇士們談起，凡屬抗戰八年投考空軍的祖國孩子們，幾無例外，多半受了這份雜誌的吸引。

「中國的空軍」，二十七年春創刊於漢口，正在敵機屢屢轟炸的時期，每期發行五萬份。它的榮光，在八年抗戰文藝的歷史回顧上，應有專文記述才是，葉逸凡兄宜乎當仁不讓。逸凡爲此刊創辦者之一，與主編丁步武，皆壽堂軍校高等教育班同學，我也沾了光彩。

更沾光彩的是，空軍忠烈湯卜生，航校二期，二十七年八月十八日夜，日機來襲，在衡陽上空，他以一對九，壯烈殉國。事蹟見梁又銘「中國空軍抗戰史畫」（民國三十六年一月，上海正氣出版社版）第二十幅的說明。這史畫，歷史與文藝史上的價值極高，是彩色印本。八年抗戰，三軍、游擊隊以及老百姓挺身而起，如充分以畫史記述，足可構成幾百幅長卷大畫，是不是？卜生滿臉書卷氣，愛好文藝，作戰勇猛，是「中國的空軍」作者群之一。逸凡「憶舊遊」（民國五十六年中國的空軍出版社版）特有敘述，指出三點：

1. 卜生殉國的當天，還曾至航空委員會政治部專訪逸凡，他倆談了許多推展空軍文藝的事。

2. 空軍飛行人員和地勤官兵中，有不少熱愛文藝，且從事文藝創作的人。

3. 當晚空戰動人心魄的情景，全衡陽地區軍民皆仰首以觀，齊表敬意，尤其是空軍主帥周至柔將軍。

逸凡大半生服務空軍，經歷八年抗戰，不少空軍忠烈「風雲際會壯士飛，誓死報國不生還」（先總統　蔣公親訂的空軍信條）的場面，惟獨湯卜生之逝，予他印象深刻。

卜生原名訓惠，是民國十一、二年壽堂就讀湖北省立模範小學樸級的同學。三、四年級的兩年，我倆最要好。得老師、同學愛重，選級長，非他即我，後來，他讀湖北省立高級中學，我去了山東。十九年，我回武漢爲職業寫作，曾與他在兩湖書院附近，邂逅相遇者好幾次。二十二年後，我一直在北方，並不知道他進了空軍。卜生是他親哥哥之名，爲遂青年人早日報國志願，他是用其兄卜生文學校畢業文憑應考。他弟弟又襲用了也的文憑，進入航校八期。這種年幼而冒年長，以投筆從戎，辛亥革命，國民革命軍北伐，抗戰八年，十萬知識青年從軍，有不少青少年如此壯烈作爲。

右述，還有一點，支持了壽堂論證抗戰文藝創作過程的看法。有關作品產生的時間性，豈僅要延伸到抗戰勝利之初的幾年，如梁氏空軍抗戰畫史。逸凡「憶舊遊」，後於梁書二十年。而下述葛希韶事例，作品目前還正在寫述，又遲後二十年。

這樣看來，抗戰八年文學藝術、作品的產生，後此二十年，還大有可觀者接踵而來。不因寫述本文，又怎能理會到這一點。要請治文藝批評、文藝史、文藝理論的諸公，幸留意之。

戰鬥英雄史筆、文筆

近二十多年，壽堂曾奉勸好多位長者、同輩朋友，他才學好，歷練多，退休下來，身心又十分健康，生活閒適，何不信筆所之，寫寫回憶錄。結果，白費唇舌。人家不是嫌寫作事太囉嗦，就是推脫說眼高手低，提起筆千斤重。更有心存疑慮，忌諱生怕筆下發起議論來，會得罪人。若略過不提呢，又感到寫作勁頭一起，收束不住。

但沒想到三十年不見面的葛希韶老弟，不知怎麼起了興致，花甲之年，孜孜不倦，寫起回憶錄來。原稿發表之前，我得先睹爲快。

希韶，民國十二年生，山東臨清人。小地主家庭。盧溝橋事變之際，他正讀中學。家鄉淪陷，隨校遷徙而成流亡學生，得山東省政府收容照顧。可憐這個大孩子，在風寒涼夜中隨隊趕路，一連腹瀉十七天，「裏急後重」的慘受折騰，滿身屎臭居然未送掉小命。日軍、土共的攻擊，壓迫、鬥爭，述之不盡。得到黃庸夫兄（國大代表，現在臺灣）的招考、領隊，千辛萬苦，幾歷生死關頭而進入軍校七分校十六期。是這樣，壽堂跟他們一千多位同學，在唐詩所美的長安曲江池，方圓二十多里的鄉村，朝夕共處近一年歲月。

軍校畢業，本是要下部隊當排長的。空軍來招考，挑選了他們一批同學去，進入航校十四期。其間，考選，西北到西南的行程，陸軍、空軍環境之變易，有好多細微末節的事故。

美國執行戰時租借法案，他這期給調到美國受訓。事故就更多了。僅只提一點。英國也有飛行軍官學生同在基地受訓，按說英、美同學，應是極相契合的。誰知並不如此。倒是中國學生，極得美國教官、同學及當地美國家庭的器重。

回國後，參加了中美空軍併肩作戰，戰鬥生活，十分特異。空中激戰，生死每是俄頃間之事。目睹不少美國大孩子爲民主陣線，壯烈犧牲於中國天空。

抗戰勝利的戡亂，他曾幾度出任務，經過家鄉上空。可是，地土變色了。

壽堂在渤海大隊任職，希韶任分隊長。眷舍中，我們比鄰而居。在此大隊同任分隊長的，還有閻迺斌，也是七分校十六期畢業，給空軍挑選來的。第三位是，步豐錕，則係第十七期。

希韶的回憶錄，第四大篇，首述抗戰初起、山東淪陷，進入陸軍官校。次述航校在雲南與美國受訓。再次述中美空軍併肩戰鬥諸役。末述戡亂戰鬥。他以空軍上校退役。跟他一齊參加這大時代天空戰鬥的伙伴，多已上爲國殤。

不像湯卜生那樣喜好文藝，前此，他並不曾搖筆桿。但卻把學自陸軍以及操縱飛機，高空、低空作戰，乃至三軍「參謀指揮」的原理、原則、方法、技巧，都不期然而然的應用到寫作上來。

文筆樸實無華，流暢深入。於事物關鍵處所，三言兩語的論斷，無不十分肯要。最難得的是，他有許多奇怪的心路歷程。其描述之精微可喜，爲我們經常寫作者所不及。

其次篇，題作「凌雲壯志萬里行」，七十二年九月發表於「中國的空軍」五二四期，至年底猶未連載完畢。

舉希韶老弟事例，乃在指出，必有更多抗戰八年的戰鬥英雄，會秉其史筆、文筆，寫下這大時代的光彩。

私心評許，頗以希韶此作史筆、文筆，爲迭更斯「塊肉餘生述」所不及。何以說？迭更斯（一八一二——一八七〇）只活了五十八歲，他這部自傳小說，寫的十九世紀英國市井、家庭、農村，人物並不複雜。希韶之作，並非小說，乃屬爲二十世紀最大一次戰爭挺身作證（壽堂以爲儘管目前國際局勢緊張，核子戰爭似會隨時爆發，卻認定此後十六年，不可能有第三次世界大戰發生），他爲飛行人員，自少至老，幾乎天天入出生死之間（在南京和臺灣，壽堂親見渤海大隊戰友平日訓練飛行，也有失事身殉，何況經常的作戰任務），僅此一點，迭更斯不曾經歷。而希韶的鄉土社會、國際社會的一些經歷，其及於寫作層次之高，確非你我所能及。

「怒潮澎湃」——壽堂特有榮焉

青年學生們，大家無不熟悉黃埔校歌的爲首這一句。

黃埔第一期到如今，屆六十年，已將近五十期。同學人數最多者，爲第十六期。十六期人數最多者，在第七分校的第四、五、六、十三、十四、十五、十六等七個總隊。七個教育基地上，又以曲江池十五總隊及代管的第五總隊第一大隊人數最多。也即是說，除本身九個中隊，又另添三個中隊。第五總隊長係駐蘭州的楊德亮軍長兼任，二、三大隊隨著總隊部在蘭州。這第一大隊則駐曲江池以南的金谷洞。乃由大隊長駱雪塵自浙江敵後地區招考而來。同學們個個聰明俊挺，就像全把東南山川靈秀都帶來似的。

壽堂能在黃埔六十年歷史過程中，爲母校同學最多的教育基地上服務，豈非特有榮焉。

騎著那輛老舊德國出品破自行車，在廟坡頭、北池頭、宋家花園、王寶釧寒窯之間跑來跑去；

時時的，鍊條鬆掉，要人推車走。全總隊外加一個大隊集合的升旗講話，我講過多次。空曠的大集合場，那有擴音器可用？也曾去每個隊或大隊，抽它正課因故不克使用的時間，講中國諺語，進行諺語蒐集工作。迄今還保存的諺語檔卷裏，有的同學爲我憶寫了鄉土諺語好幾百條。諺語屬民俗學、俗文學、語言學，其在文學、藝術創造上，具甚大功能。說它也屬抗戰文藝，絕不牽強。何況我錄有不少抗戰謠諺。試舉二十七年夏，壽堂在河南博愛親耳聽來的一條：「要想不當亡國奴，先要當幾天亡國奴——他才不當亡國奴。」以日軍攻入博愛城，幾進幾出，姦淫燒殺，殘暴十分。中國軍隊及當地農民組成的游擊隊，則在四鄉行動。

軍校同學畢業後的首站路程，無不以下部隊當排長爲第一要務，少有舞文弄墨的。當然也有例外。這第五總隊第一大隊卻有位陳學明同學，在民國三十九年三月、七月，於臺北新世紀出版公司，出版了他所撰「萍蹤採訪」兩書「阿里山日月潭和嘉南大圳」，「從新疆天山到臺灣玉山」。「阿」書上還插有一幅珍貴攝影「蔣總統在阿里山祝山峰上」，四人立姿合照，學明間隔一人，站於　蔣公左首，顯然　蔣公很喜歡這個學生仔。

學明王曲畢業之後，就開始了前線和後方生活報導文學的作作和發表，爲抗戰史實，留下許多鮮活記載。

二十多年前，在香港，以「星星、太陽、月亮」出名的作者徐速，即是軍七分校十七期同學。

於此，我要擴充的說，黃埔同學凡與抗戰有關聯者，無論前期學長或後期學弟學妹們，如今散布全世界，還有滯留在中國大陸者，其綻放藝文花朵，正不知有多少。

「徐州突圍」

報導文學的實體，應可說是早已有之。這詞兒之出現，且受到寫作者有意塑造其特性之所秉存，乃是在抗戰時期。其諸多書册，印象給我最深的，應是「徐州突圍」。

此書三十二開，近五百面，在當時同類較薄書册中，型式上，首先就顯得突出。因戰時印刷、紙張供應都匱乏。徐州失守，是民國二十七年五月十九日，敵軍自各戰場抽調部隊，布置了這個大包圍，他原想打一個殲滅戰。卻未料到，中國軍隊自多方突圍而出，很快就有了「徐州突圍」這部書。

但有人於海內外圖書館以及私人收藏，注意蒐求，抗戰八年報導文學作品，必有匯集起來的可能。

蕭乾「人生採訪」

蕭乾因佐理沈從文，主編天津大公報副刊之一的「文藝」而出名，是抗戰前兩年的事。二次世界大戰爆發，德國飛機空襲英倫三島，造成極大震撼。蕭乾正留學英國，他已有多年文學寫作、「文藝」編刊以及相關學養上的潛心研讀，於是一篇篇的，自英國寄回了他的專題寫述，發表在重慶大公報上。

他的文字，比范長江、小方（他在盧溝橋事變前後，爲天津、上海、漢口的大公報，寫了不少新聞報導），以及後來以寫「漢苗之間」一連串報導出名的徐盈，文筆都不太相同。簡言之，以戰鬥中國青年作家、學者並兼大公報特約海外撰述（這是今天我給他加上的頭銜）的才學，寫下這些層次較深的文字。它不同於當時的一般報導文學作品，也非前此數年劉海粟、沈怡、盛成所寫的「歐遊隨筆」，「海外工讀十年紀實」；有的地方，似與勤苦留德，先習政經，後專攻音樂的王光祈，民國二十年前後，寄回國發表的文字，深度一樣，而風格不一。

蕭乾這些文章，充分表現中國與歐洲，民主同盟國家，軍民們如何通過戰火煎熬而奮戰不屈。他的文章，別有繫人心處。這三十年來，凡爲新聞、大衆傳播科系專題講諺話，或是遇到這科系的學生們來討教，壽堂總念念不忘，推介這部書。這書比「徐州突圍」篇幅要厚。出版時期，似在抗戰勝利前夕。

話劇，街頭劇

話劇在重慶陪都，爲黃金時代。

劇本產生既多，演員人才輩出。每次新的演出，都造成轟動。且影響到四川以外地區。中共之戲劇統戰，也以這一時期爲最甚。

舞臺上藉古諷今，進行了嚴厲的抨擊，好些觀衆反而霽然色喜，心裏嘀咕著說：「它諷刺的那些貪污、腐敗、囤積自私行爲，我可並沒有份啊。我是最清白、苦幹、正直、勇敢的抗戰中國人。」

但是，黃埔三期同學劉子清所寫的劇本「旅途」，是正常反映抗戰生活的，卻被排斥不得演出。子清還出任過重慶時期總政治部第三廳副廳長。來臺灣後，他仍然奮筆不輟，但轉向於中國歷史的撰述。

「萬世師表」五幕劇，外加一個尾聲，其演出情形，必須一述。壽堂民國三十四年五月六日，在長安青年堂看到。演員、舞臺條件，都比重慶差。換景好費時間。午夜才演完。劇的尾聲是，拉下幕布，幕前放張桌子，劇中主角在桌後講演，使全體觀衆變爲聽衆。按說，劇情這樣進展，觀衆無不一鬨而散，才怪。誰知全劇太抓住了觀衆以及演員與全體工作者，並無一人離開。硬要聽完這段十好幾分鐘「正面教訓」的講演，才欣然離開。

這個外加的尾巴，眞是作者袁俊的大膽嘗試。托爾斯太「戰爭與和平」，迷愛了多少讀者。除非是爲文學批評的理論家，有那一個讀者會看完這部鉅著末了好幾萬字的理論陳述？

街頭劇「放下你的鞭子」，二十七年初冬，在洛陽首次看到。其後，時事新聞活動，即以街頭劇型式，在前線、後方，普遍展開。比從前的化裝講演宣傳型式，是一大的進步。

「孤島天堂」電影

戰時物資不足，尤以須賴海外進口的器材爲更甚。上海欣欣向榮的中國電影事業，幾乎全給砲火所毀。儘管這樣，公私電影事業，仍然醜媳婦為無米之炊，給後代歷史留下了表現抗戰生活的不少劇情片與紀錄片。

是在香港拍攝的「孤島天堂」，描述上海被日軍侵入之前，其挺立於敵偽環伺的諸種壯烈情態。在全國南北各地放映，造下了歷史空前的票房紀錄。感動觀衆熱淚滚滚，心志昂揚。

「小城之春」

抗戰勝利未久，上海拍攝的一部影片。

主角三人：青年夫妻，及一位男性老同學。配角兩人：主人公的小妹，看這四位青少年從小長大的老男僕。劇情，八年抗戰引起的悲歡離合，友情愛情的糾葛，終於歸於道德生活的愉快。地理背景，蘇州中等家庭。

電影史上極少有的人物，場面簡單，劇情也不複雜。只以它深刻描寫心理變化，始終抓住觀衆。

十年前，臺灣電視公司幾屆編導人員講習，邀壽堂講諺語在編劇上的運用，我總以「小城之春」對比最龐大的電影「最長的一日」（諾曼第登陸戰）來為序說，以「小大由之」入題。

「時與潮」乙刊

「時與潮」爲重慶時代很有份量的少數期刊之一。刊名起得眞好。侷處長安鄉下，不易全部看到陪都的書刊。但主要書刊，我們圖書館必能採購得到，只是時間晚些，郵遞或有小部份遺失。

「時與潮」本刊已夠水準以上。後來又增出「乙刊」，比本刊篇幅稍小，專刊文學作品。連看幾期，竟讓我留下這樣了不起的印象：「時與潮」乙刊所發表的散文，小說，幾乎篇篇都爲不朽之作。少小即浸淫中外文學欣賞、評鑒，已具二十年學養，作品使我如此傾心，是很不容易的。閱讀隨手記的卡紙，曾留有三篇目錄：

亦五　二船夫

青苗　老魔鬼

田濤　歸來

徐仲年「雙尾蠍」

徐仲年，久在中央大學授法國文學。三十六年，曾見過他幾次，談論他在抗戰之初所寫的小說「雙尾蠍」。是二十九年十二月讀到。記得是寫的敵我的間諜戰，筆法細膩，似把他在課堂講巴爾扎克、大仲馬、小仲馬、左拉、莫泊桑法國這幾位小說家的技巧，都吸收在自己筆下。

從來，文學教授剖析作品，精微入勝，卻是少能承受其才華，眼高手低，只有徒呼奈何。

而徐氏獨能破例。寫這一段，但願多有第二個徐仲年。

艾蕪「文學手冊」

「鴛鴦繡出從教看，莫把金針度與人。」此金、元好問「論詩詞」的警句，指出人們都要把技藝秘訣的傳授，保留幾份。諺語嘲笑說：「貓子是老虎師傅，只不教牠上樹。」惟學問之事不如此，師以教弟，前輩引導後進，無不傾其所知來教學，惟恐後人走冤枉路。

三十二年九月，讀到這手册。這前後時間，讀過不少艾蕪的長篇、短篇小說，對他印象極佳。而手册之合盤托出，把文學寫作尤其是小說原理、原則、方法、入手、條件、準備、作品範例、自身寫作體驗，說得鉅細不遺。字裏行間，透露出一股勤懇、熱誠，引人樂意信其指引。四十年來，相類書本，似還無有。

鄒魯「回顧錄」

胡適初入中年，就大聲疾呼，勸人多寫自傳、回憶錄。他雖然一生寫述，為學不倦。卻只寫了「四十自述」，平舖直述，不及稍後未久的李季「我的生平」。國人在這方面的自我剖析，少有如盧騷「懺悔錄」，心路歷程，揭露無餘。

鄒著，民三十三年一月，重慶獨立出版社初版，列為傳記叢書之一。六月間，我在長安鄉下讀到。那時期，書籍出版，困乏稍現好轉，有江西所製的一種印書紙可用，非如關中地區印刷書報之但有灰灰烏烏的土紙。他這部書，其內容比李著豐富。我只留下了極簡單的箚記，摘記其關於廣東人的分析，參觀美國山坤頓監獄的觀感等等。

讀後，感觸頗多，禁抑不住，寫封信去，建議鄒氏往下寫。他回封長信說，自己漩入一些政治糾紛，顧忌多，只好止筆。三十八年在臺北，幾次的聯合國同志會，專家學者專題座談，都由他主持。紀錄每期發表在「大陸雜誌」上。「大陸」係老友趙鐵寒主編。因而我嘗由桃園鄉下趕來參加。不知怎麼，竟未向鄒氏當面討教有關他「回顧錄」及其所撰的「中國國民黨史稿」。這前後時期，還讀了他的「二十九國遊記」。

傳記文學

抗戰勝利前夕，「人物雜誌」月刊，在重慶出版，一時紙貴洛陽。勝利後，遷上海。它雖標榜不分中外古今，好人壞人，有名無名，通要給予嚴正的批判。其實，它爲中共文藝統戰盡了「思想攻擊」的任務。似可視爲傳記文學期刊之倡始。

記得該刊所述數學家華羅庚與民生公司民貴輪船長的事蹟，最是吸引我。

王曲的同事衛俊秀，少年時代以失去家庭溫暖，即鑽研莊子，求思想的超逸。積二十餘載功力，成「漆園文學新論」，實爲莊周評傳。軍分校圖書館主任張云周，以耽讀「貞觀政要」的情趣，而成「唐太宗傳」。寫作最熱中的時期，嘗夜夢與唐太宗坐而論道，他自己就彷佛是魏徵。後又寫「漢武帝傳」。

民國四十三年七、八月，「晨光雜誌」連載我「談人物傳記」一篇長文。不幾年，乃有「傳記文學」月刊的倡辦，隨後「中外雜誌」也特偏重傳記文學。

從傳記文學，以活潑、豐富歷史的記載，並提供許多歷史線索，讀撰寫史書的歷史學家多有探索的道路。傳記文學的教育功能，文化遞傳的作用，實大過許多其他書册。

遊記及鄉土地志之文學描述

抗戰八年，僅從中國旅行社所主辦的「旅行雜誌」，就能讀到不少國人所寫關於中外各地的遊記。比如寫戰時歐美各國的情形，以及中國人受到西方人士百年來所不曾有過的尊敬，只因中國之抗戰。

由於東南人文薈萃，一下子好些文人學士到大西南、大西北，以及邊陲地區，產生了不少壯麗、奇絕的詩文。但有人從圖書館蒐求，不難輯出令人驚異的書目。

這方面專書，但舉一二。徐訏「海外的鱗爪」，曾昭掄「峨邊歷險記」。

好稀罕的乃是老舍以詩紀遊。抗戰八年，他小說、戲劇的寫作，業績輝煌；還兼及宣傳及抗戰鼓兒詞的創作。但要說到他的長篇新詩紀遊，就少為人知了。即或當時人們讀到，時日既久，也不會還能保有依稀的印象。

「壽堂讀書劄記」第三十四册，收有老舍三篇敘事詩的影印本：「清澗——榆林」，「榆林——西安」，「華山」，刊民國三十年四、五、六月的「文史雜誌」創刊號及一卷二、三期。抒情、寫景、敘事、說理，兼而有之。從遣詞造句上看，似並未經苦思推敲，而是寫日記式的當時隨手寫出，捕捉住即景即情的興感，足見其才氣與力學。

鄉土地志之文學描述，應是沈從文纖戰前「邊城」所寫的「湘西」。民國二十八年商務印書館版，列為文史叢書之十九。三十年後，在臺灣此方面的著述，如梅濟民「北大荒」，陳鴻年「故都風物」，可說是一系列的作品。陳定山筆記式的「春申舊聞」，則史學、文學、地學情味，兼而有之。

「武昌方言記事」

民國三十三、四年，壽堂有「武昌方言謠諺志乙篇」的撰述，以詞彙歸類體系難以洽意，迄未發表。隨即用文學描述手法，取武昌方言詞彙為題，一系列的寫下「武昌方言記事」五十多篇，首篇為「擺江」。但求文筆樸素，抒說自在。三十六年十月，一下子抄了四篇寄北平朱光潛，未想到得他欣賞，次年連續發表於所主編的「文學雜誌」上。手頭還存有其二卷八期、九期，所載者「泥河爛醬」，「呸卻」。另有兩篇得其立即採用，篇名記不清了，刊件未得檢存。

孤芳自賞的文筆，得人看重，有吾道不孤之感。

一本奇特的書「繼母」

民三十二年初春，長安鄉下，從當地人借讀到。朗豁著，近三十萬字，不註明出版年月地點，無作者眞實姓名。書中必要交代的地方背景，也予從略。作者在一九三六、五、二六的序文上，說這是「代亡友泉作述」。讀後認其許多細膩、繁複的描寫，非親身經歷，不能達此境界。

自傳體小說。記一成年男子，受繼母虐待。家庭不睦，是非閒話多。還有地主與佃戶的關係。作者假使易地而處，站在繼母立場，描寫其心理狀態，那就完整了。風格與陀思妥也夫斯基「窮人」相近，敘事的故作思想反覆想念與訴說上。它不描寫景物，也不十分作心理分析，但重於情緒感覺上的記述。

這四十年，壽堂繼續讀過好多長篇小說。不知何故，這本綠封面的平裝書册「繼母」，常令我想念起來。一如我常想到另一部寫得並不怎樣好的小說，孫夢雷「英蘭的一生」，開明書店版，民國二十三年，在河北大名讀的。

唐宋以來，如此奇特書本，無代無之。現代印刷利便，只有更多的產生。吾人不可不對此情態，付予注意。

詩書畫三絕

中國繪事，向以詩書畫並美。不說「南張北溥」了。吾友宜興史紀人，當年同窗共事，盧溝橋事變之初，並肩作戰於河北保定東邊的白洋淀。隨後，他回到江南，還想過其蘇州城文人雅士的生活，擬以賣畫爲活，他就是具有詩書畫三絕的高才。

臺灣社會，自民國四十年後，習繪事者，日見其盛。這些位男女藝術家，其孕育、成長，不可不歸諸抗戰大時代的根源。其矢志繪事，大大超過了蘇州、常州、杭州、北平當年畫家齊聚的局面。如麗水精舍三友喻仲林、胡念祖、孫家勤，勤力繪事，初時侷處陋巷，不幾年，擴而爲華廈五十坪的大畫室，宜其得中外弟子欣然從遊。又像我親翁江兆申兄的成就，詩書畫篆刻兼美。歷些先生李霖燦的遊記佳構與其繪事，風格別具。楚戈，集詩人、畫家、書家、藝術考古、評論家於一身。他三位恰都服務故宮博物院，典守歷代中華文物。

木刻

由於魯迅提倡，青年愛好木刻者日衆，加以戰時物質條件以及文宣上的需要，抗戰八年，木刻極其發展。只是，這方面的工作者受了中共文藝統戰影響，把中國自隋唐以來的木刻畫傳統撇開了，硬要跟著蘇聯走，而題材偏頗。這種錯失，直到戰後才擺脫開。朱嘯秋二十多年前主辦的「詩、散文、木刻」雜誌，足爲顯例。前幾年，市面上看到明、王圻「三才圖會」影印本出現，此書匯集中國歷代衆書圖譜，爲一百零六卷。

本書畫頁所列木刻四圖，取自「抗戰八年木刻選集」，中華全國木刻協會編，民國三十五年九月開明書店版。作者及作品是：

蔡迪支　桂林緊急疏散時的北站

宋秉恒　軍民合作
劉　峴　嘉陵江的一角
力　群　墾

民歌·國樂

就一兩例說之。民國二十九年，張亞雄「花兒集」的出版，是其十年採錄成績，使人們了知大西北甘、寧，青這一帶地區的歌謠，一如黃得時教授評論北京大學「歌謠周刊」的業績似的，前此歌謠蒐集和研究，只是止於文學的作法。抗戰期間，音樂工作者深入民間，乃有民歌之現代音樂學的研究。那時期，陶今也「蒙古歌曲集」，李凌「綏遠民歌集」，記上了簡譜曲調。民國五十年，丑輝英「西北民歌集」出版，內中特別包含了十幾首「花兒」，都以五線譜記其曲調。

民四十七年五月，全國音樂學會，張錦鴻

「中國民歌的音樂分析」論文宣讀，就大陸東西南北各地並臺灣地區的二十六首民歌，都以五線譜記載，而分析其形式，調性，曲調，節奏，以認識中國民歌音樂的特色。所受推進的動力，乃緣於抗戰大時代的社會生活。

抗戰勝利之初，在長安一次音樂會，聽到一次南胡獨奏、演奏者係發表他自己創作的「翠華山紀行」，樂聲優美，使全體聽衆爲之陶醉，都說這比聽小提琴演奏爲過癮。

國樂之革新，古典的尋求與研究，增入現代西洋樂器的嘗試，其起步乃在抗戰八年音樂高級教學與音樂工作者的研究發展而然。

祖國風光攬勝高空攝影

民國三十七年夏秋，空軍總部先後在南京、臺北，舉辦祖國風光攬勝的攝影展。不同於一般攝影者，這乃是當時獨一的偵察機中隊 P-38 偵察機所拍攝的。據行家們說，P-38 原也爲戰鬥機，爲要使其專執行偵察任務而卸去了武器彈藥，它備有好幾架照相機，在空中作業。若偵察敵情、了解我機戰果，多採垂直的定點攝影，但也取斜照（使涵蓋面廣大）式拍攝。

壽堂服務渤海大隊時，與這中隊始終同駐一地。我竟能保有珍貴的兩幅：甲、盧溝橋、永定河、宛平縣城的一角。畫面上顯現一大段河面及其岸邊。畫面中心，西邊爲平漢鐵路的鐵橋，東邊則爲盧溝橋。也許再加若干倍的放大，可以見出橋上石獅。乙、北海公園全貌。白塔爲中心。前面的文津街，後面的天王閣，都入了畫圖。

從前，我總還以為是這個中隊於抗戰勝利之初，毫無敵情顧慮之下，執行某種空中照相任務之餘，附帶拍攝了這些風光攬勝的空中攝影。中空、低空，各種角度的俯仰自如。臨到寫此文的現在，向人家討教，方知這是空中照相平時訓練的成果。展覽場上，集全國名山勝景於目前，就成為藝術極品，共約兩百多幅。我這兩幅的尺寸，約四二×二四公分。

P-51時速為二百四十哩，P-38則為二百五十六十哩。看它中空飛行的速度，總覺得比P-51輕快得多，可能由於載重量少，它升降轉彎，都顯得姿態優美。它可爬高到三萬呎。

這部隊所保有的祖國風光攬勝高空攝影，絕不止於在展覽會上所見的區區之數。有的可放大若干倍而成為特寫。空軍偵察，為的情報與作戰，但這些照片，無疑的有很高藝術價值。更假如你要是從各個不同角度，拍攝華山而留下二三十幅畫面的話。

哀少年詩人、作家高詠

民國二十五年，附在漢口「時代日報」的「詩與散文」，是高詠獨力撰稿，在河北曲陽編刊，按期發稿，按期抽頁為三十二開書冊。北平圖書館按期收到，按期都回信來，很可能現今還典藏在。高詠早已發願寫史詩，其首篇「紅格爾圖」，述廿五年冬對日寇的綏遠挺戰。廿六年春，他以曲陽社會生活為背景，寫了一部二十幾萬字的長篇小說「隨糧代徵」，用白芸生筆名，在巴金主編的叢書出版。廿九年十二月，文化生活出版社這部小說的版本，著者就回歸高詠本名了。

當年，徐州會戰，本師從太行山東出，冀魯大平原上，放馬急行，十分壯麗的戰鬥行軍之中，他總在一天最好的時辰——早上，挪用了夜行軍下馬歇息打盹的時間，從圖囊裏取出黑封面的簿子來，非常激昂、痛苦也暢快的，一行一行的寫著詩篇。

卅年，高詠常在重慶張家花園中國文藝協會出入，陳紀瀅兄對他，頗有印象。

約是民國三十一年，騎四師政訓處老同事，也是老同學王劍文兄自洛陽寫信告我，高詠戰死在河南涉縣。（這一段記述，摘自拙著「白洋淀雜憶，」民國七十二年十二月，臺灣中華書局版，四八頁）高詠，本名雲清。約爲民國六年生，湖北漢口人，只讀過漢口錢業公會附設的小學。他才氣洋溢，早超過了高中程度。主要是寫新詩，也能寫舊詩。散文，小說，木刻，繪畫，攝影，都爲高手。文筆清新恬暢，熱情奔放，一如其人。先任政訓處文書上士，後以編制擴大，任少尉書記。他做了許多書記職務以外的事。我們敵後陣中發行的油印「抗戰簡報」，全由他一手包辦。夜裏，抄聽中央廣播電臺報告，次日編排，寫版、油印、發行，儼然報紙模樣，具體而微。（附帶的當提說。其時敵後油印簡報極普遍，彫板技術，發達到跟鉛字排版一樣。）他爲本師報導「小排長牛萬里克大敵」的特寫，發表於漢口報上，贏得全師官兵敬意，師長王奇峰中將屢屢讚說不已。

壽堂寫戰地通訊「永定河失守前後」，「鄭州難民收容所視察記」，「鄭州、洛陽、潼關」、「晉南道上」，於二十六年秋連續寄漢口掃蕩報，都經刊出，卻並未得到什麼回響。既轉入敵後，冀魯豫晉，太行山內外，以隨筆形式，寫了好多條「戰時見聞錄」，一直陳壓了近五十年，既在手頭，一點歷史紀念，就捨不得丟棄了它。

與高詠共事四年，只知美讚他的才氣，從不曾起半絲嫉妒，卻是天嫉奇才，也是他勇於面對敵人。詩人殉國清漳河畔，才二十五歲。洛陽出版的北戰場「陣中日報」，刊出好幾位詩人哀悼他的詩篇。不知未死者之中，有一二人到臺灣來麼？

抗戰八年，同於高詠這樣青春早逝的詩人、作家、藝術家，還有不少。悼惜高詠，也所以悼惜另外的好些詩人、君子、勇士們。

總結

僅只是蜻蜓點水，泛泛談說，本文已寫得夠龐雜了。很抱歉，於國劇、地方劇、雕塑、舞蹈以及俗文學的各部門，還未提到。所幸，這幾方面早有相關的專文、專書在；而序說中所舉的幾部文藝史、論的書，皆一一有所述列。

抗戰大時代的炮火，使我們的文學、藝術有如鋼鐵飽受錘鍊。作家們自上海亭子間闖奔而出。詩人不再徜徉山林。藝術家象牙之塔早已倒坍。治學於藝文研究的學者、教授、也跟熱情青年一樣之走出課堂而出了書齋，踏步祖國廣大領域，使其學術研究與社會生活緊相結合。

這就是抗戰八年後的文藝，其品質、風格、精神、色彩，何以與抗戰前的文藝有著顯然不同的主要原因。

況且，還有兩大重要事體。

第一是現代中國白話發展，歷經「五四」、國民革命軍北伐、「九一八」以迄抗戰八年的過程，它成熟了。乃使文學創作的語文條件，面貌一新，活潑健實。

第二、鴉片戰爭以來，百年西潮的沖激，幾使中國人喪失自我，浮沉於西化之間。至是，深信文學、藝術的發展，務要保持民族傳統，具開放胸襟，不盲目接納西方文化。

基於這種情況，配合國家政治穩定前進，社會經濟繁榮，全世界中國人之歸心於中華民國，乃使這三十多年文藝的花朵，盛開在臺灣復興基地上。僅舉音樂的愛好而言，多少人家有了鋼琴，有了高級音響，多少男女老幼彈古箏，拉小提琴，多少人玩吉他，多少人吹中國笛簫，這種對於音樂欣賞，評鑑、研究、學習之熱潮，是前此時期所不曾有過的，找尋其根源的推動力，究竟何在呢？答曰：艱苦犧牲，勇敢堅定的抗戰八年大時代。不可說那膚淺的傻話，說年輕的中國人其時還未出生。須知香火薪傳。大時代藝文的影響，每每及於百年歲月而不止。何況還有周易所提示我們一些相反相成的道理。

民國七十三年元月十九日黎明。

民國七十三年二月文訊月刊第七、八期「文訊」發表此文，刪去「序說」、「一個主要問題」及所選錄的四幅木刻，今皆予補足。民國七十四年八月十一日記。

除夕欣讀齊如山「國劇藝術彙考」記感

民國五十年陰曆除夕，從清晨到半夜，已是正月初一的一點多鐘，遠遠近近，爆竹聲響個不絕，我一口氣拜讀完：齊如山先生的新著「國劇藝術彙考」。大年三十這樣的讀書法，還是破題兒第一遭。因為往昔大陸，此時光要不是圍爐烤火，就必然踏雪尋梅去了；而這十幾年寶島生涯，除夕多半還在上班，只有今年碰上個星期天，得以完全休息，展讀這麼一本大書，內心裏充滿感激欣慰。

齊老這部書所顯示的學術價值及其人格精神之表現——八十五歲的老人，懇懇摯摯，孜孜不倦的致力於國劇的研究，始始終終的虛心討教於人，撰文時蠅頭小楷的書法，付刊時親自校印，這能有幾個後生可及？

一早上，復興廣播電臺的西洋歌劇，伴我進入此書的高明境界。但最過癮的，還是收音機裏玉堂春和六月雪的播唱，哀傷意遠，百聽不厭。蘇三哪，竇娥，至美至善最可敬愛的女性！心神逸蕩，我彷彿又到了北平，看那言菊朋、金少山，郝壽臣、楊小樓的捉放曹、刺王僚和野豬林哩。我想，著者更不用說，其寫述此書，更有不盡的憶念常在筆端。舞臺上的生旦淨丑，你曾見他下場後的悽傷麼！不管他是宮庭王府的承應，還是城鄉戲園的野臺餐風露宿的飄泊！不管他是「王八、戲子、吹鼓手」受人鄙視的往昔；還是藝人與明星齊等，戲劇正在起飛的新時代，腳兒們下場的悽傷，不僅是那倒嗓跑龍套的老伶工，即如齊老好友的梅博士，可算得位極藝壇了，他歌喉婉轉，響遏行雲，豈不也聲聲裏有其人生艱辛的感懷？清末民初以來，千萬伶工藝術的精微，因此書之傳世，乃亦不朽！生旦淨丑的靈魂，自可安慰於九泉，而上昇天堂。「神仙都是凡人做」，你們不常在舞臺上這麼扮演，這麼引導世人？只要鼓舞了人衆，自己朝朝夕夕的悽傷，又何妨呢？齊老在此書裏，可大大的爲你諸位捧場哪。而凡在北平看過了眞正國劇的人，不論中外，誰不誠心喝彩！

先請讀此書自序開頭的幾句話：

「這本書雖然是我寫的，可是所有的規矩名詞等等，都是問詢得來，沒有一點是我創造的，固然其中的名詞，也有我代爲斟酌者，但也都經過許多老腳同意，方算規定。回想我問老腳的情形也相當難，相當費力，**問了四五十年，問過幾千人**，方能寫得這本書。」

凡例說：

「是怎樣聽來的，就怎樣寫，不願自作聰明，擅自改動。」

第一章開場白的幾句話，要是拿國劇史的事例來作註腳，足以另寫成幾本大書。

「提起國劇這件事情來，實在令人傷心，這樣一種重要的事業，高超的文化藝術，而向來的學者文人不但視爲小道，且以爲他卑鄙齷齪，不值一談。」

此書十二章，以前言，來源及變遷，上下場，動作，歌唱，行頭，臉譜，髯鬚，切末，腳色名詞，音樂，舞臺，爲標題，附錄皮簧念字法。

著者概括國劇的原理有四：有聲必歌，無動不舞，不許眞物器上臺，不許寫實。此所以，柳迎春寒窯十八年，其在舞臺上的描繪，是生活之藝術的重現。

且略引章摘句：

南宋的初期，戲劇就冷落了多少年，過了相當的時期元軍未南下，總算又見承平景象，於是皇帝又想樂和樂和……（頁一八）

傳奇的開場，也常恭維觀衆，這與恭維皇帝同一性質。給皇帝看，就恭維皇帝，給大衆看，就恭維大衆。（二四頁）

有的大戲，在一個地區演久了，也可變成地方戲。（三三頁）

全國所有的戲劇，都是由小調變成。（四一頁）

以前之由門簾至臺臉者，乃是演員走的性質，不是劇中人的性質。（七四頁）

無論用多大氣力歌唱，臉神不但不許改樣，且不許帶出用力的樣子來。（頁一一六）

凡因笑，哭，嗔，怒，憂，懼，悔，恨，嘆，以至咳嗽等發出來的聲音，都須有歌的意義。（一三六頁）

穿正色者，都是正人，間色則隨便。（一五四頁）

昔日最崇拜者爲皇帝，而行頭單之列，向來把富貴衣列於蟒衣之前，是不但表示平民思想，且有鼓勵人自強向上之意。因穿此者，目下雖窮，而後來必能發達富貴，故名曰富貴衣。

若終身窮困之人，則不得穿此，蓋惡其不自強也。（一七一頁）戴草帽圈，恐多是終其身戴之，今竟列於唐帽（皇帝帽）之前，則其抬舉平民之義，實有可取。（二一三頁）

戲中文人不勾臉，勾臉者都為武人，而儒將如岑彭、趙雲、黃忠，張遼、郭子儀、岳飛、韓世忠、周遇吉等等，仍不勾臉。臉譜含有褒貶的性質，但貶多褒少。凡賢良大臣，廉潔官吏，淳粹儒者，謹慎士子，忠厚長者，安分良民，信實商賈，誠實僕奴等等，沒有一個不是用本色臉的。大致臉上一抹顏色，則其人必有可議之點，好的也不過果敢義烈，粗莽勇壯而已；壞的則殘暴兇狠，陰險奸詐，無所不有。無論好壞，皆非平靜之人。……關羽，曹操，一極忠，一極奸，一為戲中極崇拜之人，一為戲中極唾罵之人，當其平正無疵之時，皆用本臉。（二四七頁）

史記、漢書之後，能繼續孔子之意，說公道話者，惟有戲劇一門，而用意之最顯明者，當推勾臉之法。（二五二頁）……臉譜之公道處，不似宋儒所倡臣罪當誅天子聖明之沒道理的學說也。（二五六頁）

男子到五十歲，應該留鬚，而太太不贊成，嫌扎的慌……女子說你留鬚我就撒腳。（三〇五頁）

打砂鍋的鍋（三八〇頁）論老西兒放印子，利息特高，辦事又特別嚴刻，所以演山西人在舞臺上賣砂鍋，要用眞鍋，打破他的砂鍋，觀衆人人高興，打的越碎越響，則觀衆越起勁。

戲班中第一個腳色是老生，第二可以說是武生，第三便是花旦，第四纔是青衣，在光緒幾十年中，大致都是如此。（四二二頁）

鼓在戲中，是最要緊的一件事情，戲界老輩稱鼓為戲之膽。（四七九頁）

此書之成，自屬齊老幾十年功力與興趣所薈萃，排印之事，則陳紀瀅、張大夏兄，貢獻非小。他倆都是家有病人，事忙心煩，又當出國遠行，其勤於校勘，善畢其事，也極可感。

齊老近年的另一部著述「華北的農村」，我極希望本年內得以付印成書，且加繪插圖，不知現在可有高手？但憑記憶，足以描繪大陸農村凡百器物否？是那四言、五言、六言、七言雜書字所充分記述過的字。至於那忠誠厚道、勤勞儉樸的農民臉嘴，我想——沒有一位執畫筆的人會忘掉罷？

民國五十一年陰曆正月初三朝晨

載民國五十一年二月十六日「世界畫刊」五十六期

國劇特色——禮

國劇特色之一，是說白、唱辭與做工上，十分多禮。如說唱到天、神佛、聖賢、國家、君王、長上，劇中人必拱手胸前，謹表敬意。人們相見，遜讓、就坐、問候、飲酒、相別……等等動作，更必一一表示其周到的禮節。如果說，無禮儀不足以構成國劇的風采，也不爲過。

單說「四郎探母」，全劇在舞臺上所呈現的禮節，眞是本本末末，枝枝葉葉皆是。試舉劇情轉捩點的幾段唱辭來看。「坐宮」，楊四郎表明了自己眞實身份之後：

鐵鏡公主唱：聽他言嚇得渾身是汗，十五載到今日纔吐眞言，他本是楊家將把姓名改換，他思家鄉骨肉不得團圓。我這裏走向前再把禮見，尊一聲駙馬爺細聽咱言，早晚間休怪奴言語簡慢，不知者不怪罪，你的海量放寬。

楊四郎：公主啊！（唱）我和你夫妻情恩愛不淺，賢公主又何必禮儀太謙，楊延輝有一日愁眉得展，誓不忘賢公主恩重如山。

這兒，不僅止是禮儀，還深深表現了禮儀的本質——人情，德行。鐵鏡盜令箭回來，四郎將走之前，夫妻倆的一段對話，雖揷入幾句嬉戲對語，而四郎表示感激的禮，以及鐵鏡囑他拜上婆母的幾句話，極見賢德感人：

鐵鏡　駙馬。
四郎　公主回來了。
鐵鏡　我回來啦。
四郎　令箭可曾盜來？
鐵鏡　我進去說話，把這樁事情忘了。
四郎　咳！誤了本宮的大事。
鐵鏡　你不要著急，你看這是什麼？
四郎　公主請上，受本宮一拜。
鐵鏡　一夜之間，不必拜了。
四郎　公主啊：（唱）雖然分別一夜晚，爲人須要禮當先。番兒帶駙馬走哉。（白）帶馬！
鐵鏡　駙馬轉來。
四郎　啊，公主有話，你快些言哪。
鐵鏡　駙馬此番到了南朝，見了我們婆婆，就說不孝的兒媳知罪了。
楊四朗回到宋營，與六郎老哥兒倆見面，之後，楊宗保與四伯父見禮：
宗保　參見父帥。
六郎　罷了。見過四伯父。

宗保　參見四伯父。

四郎　罷了。這是何人？

六郎　姪男宗保。

四郎　呀，多大年紀？

六郎　一十四歲。

四郎　啊啊呀！楊家有了後代。待我謝天謝地。

六郎　當謝天地。

四郎　一旁坐下。

宗保　謝坐。

父子兄弟的家禮，又是兵營主帥與僚屬的軍禮；爲楊家有後而謝蒼天，劇中數番表白的楊家將沙灘會忠勇殉國，悲壯激烈，最見精神。四郎拜見老母，跪哭聽訓，感嘆再三，向太君、六郎、八妹、九妹一一拜禮，親子昆仲情份，乃此劇高潮——不是情節高潮，是情緒與理性的高潮，舞臺演來，無有不動人心弦的。

四郎　娘啊！（唱）老娘親請上，受兒拜。千拜、萬拜，折不過兒的罪來。隱姓埋名躲禍災，多蒙太后恩似海，鐵鏡公主配和諧。兒在番邦一十五載，常把兒的老娘掛在兒的心懷，胡地衣冠懶穿戴，每年間花開兒的心不開。聞聽老娘奔北寨，喬裝改扮回營來，見母一面愁眉改，願望老娘福壽康寧永無災。

太君　聽罷言來喜在懷，鐵鏡公主配和諧。你夫妻恩愛不恩愛？公主賢才不賢才？
四郎　鐵鏡公主眞可愛，千金難買女裙釵，夫妻恩愛十五載，與兒生下小嬰孩。本當過營來叩拜，怎奈兩國相爭她不便來。
太君　對準番邦聲聲謝，賢德媳婦不能來。
四郎　六弟請上受兄拜，三拜九叩亦應該，你與宋皇掌兵帥，賢弟可掛忠孝牌。
六郎　說什麼弟掛忠孝牌，你我本是一母胎。
四郎　二賢妹請上受兄拜，愧殺愚兄將英才。

這裏，太君唱句「對準番邦聲聲謝」，緊緊照應了鐵鏡公主囑咐四郎拜上婆母的幾句話：「見了我們婆婆，就說不孝的兒媳知罪了。」是編劇的高明處，乃極人情味的描寫。四郎返遼營，蕭太后要問斬，國舅、公主更番求情，皆不允；賴二國舅提醒公主，佯要摔死外孫小阿哥，以打動外祖母的心來轉圜，這本爲戲劇化的情節，卻是本乎人情的尋常義理。旣赦四郎，公主一再向太后賠禮，逗樂了媽媽，僵局得以融解。四郎夫妻間恩德感禮，做了全劇最好的結束：

四郎　適纔過關犯將令，多蒙公主講人情，不謝太后先謝你，公主你可算賢德的哪。
（白）適纔犯罪，理當斬首，多蒙公主搭救，本宮這廂有禮了。
鐵鏡　豈敢。啊，駙馬，方纔是我母后的不是，你別生氣咱家。我給你賠禮哪。
四郎　豈敢。

鐵鏡　母后得罪咱賠禮，千萬莫要記住。
四郎　謝太后不斬之恩。
以下，太后、四郎、鐵鏡的對白，是此劇尾聲，乃使劇的結束，不致突兀，而韻味悠然。國劇之表演，即令仇敵相見，惡向膽邊生，緣林粗鄙的人等，也是極有禮的，如「連環套」。或謂禮出富貴，是又不然，飢寒貧賤的叫化子，演來也處處見禮，如「鴻鸞禧」。
國劇何以這樣多禮呢？戲劇動作的表演固然有關，其基本意識上，實緣於要發揚忠孝節義的德行。還有，舞臺音樂，抑揚迴蕩，需要禮儀動作來充實其情意。也可說，乃因詩書禮樂，是國劇的骨子。試舉幾戲碼以證：

八義圖　哭秦庭　王佐斷臂
目蓮救母　吊金龜　徐母罵曹
桑園會　祭江　汾河灣
除三害　古城會　秦瓊賣馬

載民國六十年十一月「中華文藝」二卷三期

花鼓戲初探

花鼓戲，雖也在城市演出，但多半行之於鄉村，以「野臺戲」形態與人相見。每個地方，但有花鼓戲演出，總是極得雅俗共賞的情趣。其特色之一，乃因戲詞便於隨口念唱，拉長了調調兒，得人幫腔，而一唱百和，達到**勞者自歌**的境界。論者常有感歎，說中國人是世界上頂不會唱歌的民族，這話乍聽來，似乎不錯;但我們如果不忽視南北各地方的老百姓，都喜歡獨唱或合唱他本鄉本土的地方戲曲，還有小調、山歌乃至兒歌，那麼，這番感歎就不能不加以修正了。

人生，不管他智愚貴賤，誰能沒有歌唱呢，或為歡樂，或是悲傷。俗文學或名之曰講唱文學。那總是講的少，而唱的多，而唱腔必然是一唱三歎，譬如彈詞，大鼓。

民國十七年，我在漢口的法國租界某家大戲院，看過一次花鼓戲的演出。當時，武漢地區認爲它有傷風化，是禁演的。惟獨法國租界內，聲色狗馬，紙醉金迷。儘管這樣，在武漢以及整個湖北，每當夏夜風涼，人們長日勞作之餘，遠近四方，都會聽到人們用黃陂腔調，高唱花鼓戲。最流行的是「蔡明鳳辭店」，基本結構，爲三、三、四的十言句子，實則是七言句子的變化而成。每一句在念唱時，自自然然的帶出了虛字，由之構成花鼓戲的獨有腔調，如：

蔡明喲——鳳喲！站——大街呀，思前啦想呃——後喲！

悔不耶——該呀——在——家中啦，時常啦爭啦——鬥喲！

這樣唱法，那怕只唱三五句，也能令人大大的胸懷舒暢。正是胡秋原兄所提到他黃陂鄉下人的諺語：「爲人能唱齣戲，到老不生氣。」「蔡明鳳辭店」足足有三百句，因爲唱成三、三、四的短句型式，每一兩字中間又帶出虛襯的字來幫腔，也就達到了換氣的作用。況且，這樣「清唱」花鼓戲，每每不僅只是一人獨唱，總有多數的人接著每句的末尾來合唱。你縱然不是戲班演員或票友，而只是偶然的興趣，唱起花鼓戲來，也不會唱得力竭聲嘶，而只有行腔使韻，愈唱愈和樂，愈高昂，如唱「何氏勸姑」，「蔡明鳳辭店」，「喻老四拜年」；或是愈唱愈悽苦，愈悲愴，如唱「朱氏割肝」，「安安送米」。

花鼓戲不僅流傳於湖北，在湖南、江西、安徽、江蘇、廣西、雲南，也有些地方流行。華北和關外的唱秧歌，也屬同類。自然，各地方花鼓戲的名目、唱腔、戲碼、伴奏的樂器，有著差異。張用寰「走鼓戲」云：

走鼓戲是江蘇海州的地方戲，亦如其他地方戲一樣，當地人對之，比較任何戲劇，皆感覺到親切而有韻味。海州人有句俗諺，說是：「羊肉不如羊肚子，大戲不如走鼓子」（壽堂按，這與華北一句農村諺語有相似處：「吃飯是窩窩，看戲是秧歌。」從前平民教育促進會就很看重這種農村戲曲，曾加以調查紀錄，於抗戰之前，出版過兩巨册的「定縣秧歌選」。）……

走鼓戲的劇本，大多數爲文戲場面。故事的取材，不脫才子佳人的窠臼。其實也不盡然，像「孔子遊邦」一齣，卻能用幾個男角色，將論語上孔子遇丈人，以杖荷蓧，到止子路宿，殺雞爲黍而食之，見其二子焉的一篇，（介凡按，此指論語、微子篇第七節「子路從而後」，清、李汝珍「鏡花緣」八十三回「說大書佐酒爲歡」，就揷有這段鼓詞，是著者涉筆成趣，還是當時就流傳有這一段唱詞爲作者所採錄呢？兩者總居其一，或是兼而有之。）用戲劇表演起來，生動感人，而且劇詞亦溫文典雅，頗足登大雅之堂。不過，像「趙美容戲嫂」，「郭華買胭脂」，「梁山伯與祝英臺」，「千里送京娘」，「大劈棺」等，卻未免有打情駡俏之譏。而「打乾棒」等類的劇情，則更爲粗俗，且誨淫的成份極濃。

戲詞方面爲純歌劇，說白甚少。普通以七個字爲一句，但若遇到叫頭，或者加重語氣的地方，也有延長到九個字的。（臺北、中央日報副刊剪報，日期缺記，約當民國五十一年前後。）

上面我提到秧歌。楊蔭深「中國俗文學概論」所引張世文「定縣的秧歌」，有一段傳說，倒是很有意思的。

據定縣一般人傳說，秧歌是宋朝蘇東坡創編的。定縣黑龍泉附近的蘇泉、東板、

> 大西漲、小西漲等村的農民，多種水稻。在蘇東坡治定州的時候，看見種稻的農民在水田裡工作，非常勞苦，因此就爲他們編了許多歌曲，教他們在挿秧的時候唱，使他們精神快活，忘了疲倦。這便是「秧歌」名稱的起源。後來不久秧歌就傳遍了全縣，定縣的男女老幼差不多就都會唱了。農民多不識字，秧歌便一代一代地用口傳下來。
>
> 東坡先生也萬沒有想到後來秧歌竟變成了戲劇。

傳說多有附會，且讓專家去考據罷。不過，這傳說可使我們看出兩種情況：

一、農村戲曲的產生，緣於實生活的需要，乃有勞者自歌的境界。

二、土俗事物，不免於要攀上文人學士的風雅情趣。

說到這裡，我們不能不略略提說，清代戲劇的豐盛，繼承了宋元雜劇、明代傳奇崑曲的發展。乾隆年間，將戲曲腔調大分爲二，即雅部、花部。雅部謂崑曲，花部指京腔、秦腔、弋陽腔、梆子調、高腔、二黃調、亂號腔、吹腔、西調等，而總名爲亂彈。就在這個分辨之後，花部的勢力，漸漸壓倒了崑曲。焦循「花部農譚序」的意見，足以代表，他說：

> 梨園共尚吳音（壽堂按，指的是雅部，崑曲），花部者，其曲文俚質，共稱爲亂彈者也，乃余獨好之。吳音繁縟，其音雖然諧於律，而聽者使未親本文，無不茫然不知所謂，其琵琶、殺狗、邯鄲夢、一捧雪，十數本外，多男女猥邪如西樓紅梨之類，殊無足觀。花部原本於劇，其事多忠孝節義，足以動人，其辭質直，雖婦孺亦能解，其音慷慨，血氣爲之動盪。郊外各村，二八月間，遞相演唱，農叟漁父，聚以爲歡，由來

已久。

花鼓戲自是屬於花部的。在素來「大戲」「小戲」的區別上，它自然算不得大戲，而只是小戲，甚且只是農村中「打花鼓」行腳走的姿態，而粗具戲的形式。花鼓戲，在我們湖北人說來，總以爲是產生於黃陂。黃芝崗「花鼓探原」，卻說是在廣西：

我在這裡，敢大膽斷定，花鼓策源地是廣西，並不因荔蒲縣有花鼓山，是因爲臨桂縣（桂林）有花腔腰鼓。再看賀縣傜民班春，便可知花鼓的劇中情景是由傜區移殖來的。這一種勢力遍布於廣西的東北部，侵入湖南境直到長沙。花鼓，原不必如「花鼓」一劇「我的漢子，你打鑼來我把鼓兒助」的一種形式的，像「王三賣肉」的花鼓婆子，卻是兩姊妹，唱的大套小套是些「十二月採茶」之類的小調。

黃氏更認爲「廣西民歌在採茶歌的扮演裡侵入湖南，便成了花鼓。」除了黃氏這種推論，我們還可指出，鳳陽花鼓更擺著現成的論證，可說花鼓戲是起源於安徽的。這問題要使成爲定論，勢必須廣事調查各地的花鼓戲，排比研究，才能有結果。

花鼓戲，通常都說不上什麼結構，人物、情節皆極簡單，少有「戲劇性」，只因其主要爲歌劇形式，採取了民謠重疊複沓的格調，多用比喻層次漸進的述說義理，看起來或是聽起來，它總令人保有深厚的情趣。譬如「蔡明鳳辭店」罷，比起平劇中的「捉放曹」「武家坡」「四郎探母」來，要顯得簡單多了，可是其哼唱，其觀賞，之不教人因熟悉而生厭，跟聽唱平劇的興味，並無二樣。

要說花鼓戲是農村中牧歌、採茶歌的發展，以各地土俗、語言的特色，徒歌合上樂曲，加上表演，粗具戲的姿態，是一種勞者自歌的戲劇，因而廣泛流行各地區。我想，這論斷是不錯的。雖有人說，花鼓戲是農民的「羅曼斯」，其大膽描繪，多有淫蕩猥褻之詞，但也並不全然如此。男女私情，既然並非生活的全部，於是花鼓戲乃有「何氏勸姑」「朱氏割肝」「安安送米」這類描述親情的部份。當然，純粹農民的戲，是不太搬演出將入相那些場面的。而上舉海州走鼓戲的「孔子遊邦」，卻又是大戲所少取材的。

臺灣也有花鼓戲，不過將花字改為車字。呂訴上「臺灣電影戲劇史」的「臺灣車鼓戲史」有說：

臺灣的車鼓戲，因流傳年代悠久，且無書籍可據，故未敢斷言，但參照唐宋時代的一種戲稱三枝鼓，後流傳至明清時代的三棒鼓，又稱花鼓。戲頗類似採茶歌，差異之點只是表演者腰背鼓而已。……

單就臺北一帶來說，不愛看車鼓戲的人，的確是很少數。試看那鄉下的農人們在耕作中哼在口裡所唱的歌詠，那一節不是車鼓戲唱詞的斷片？又在工廠裡的男女工人們所唱的歌詞，又何嘗不是如此？所以車鼓戲的深入民間，可謂比任何戲劇，不論亂彈、四平、九家等都來得普遍。若比之正音班、改良戲、新劇、歌舞等，那更有天淵之別。車鼓戲可以說是原始民俗的戲劇，與秧歌戲相彷彿，與日本的狂言也很相似。（臺北銀華出版部，民國五十年九月初版，頁二二二。）

關乎湖北演唱花鼓戲的情況，周棄子「略談楚劇」一文，有詳盡分析：

湖北劇的漢調，那是眞正的「大戲」。「楚劇」則只是一種「小戲」。它的本名應該是「花鼓戲」或「採茶戲」。「楚劇」之名，起源甚晚，而且也毫無根據。

在鄉村間，每屆農忙時節，農夫下田力作之時，常另外有幾個人，在旁邊引吭作歌，一唱衆和，藉以減輕農作的疲勞。這種情形，各地多有。近來中共所搞的秧歌舞之類，其原始型態就是這種東西。從原始的清唱慢慢配上樂器，再慢慢加上化裝，才逐漸演變成一種極簡陋的「戲」。一方面，由農忙時的助興，變爲農閒時的娛樂，並且也有了以演唱爲業的人。像這樣農村「小戲」成立的過程，也大概各地都差不多。

湖北省東南一帶，舊武昌黃州兩府所屬，多年來就盛行這樣的一種「小戲」。有的地方（如鄂南各縣）叫它「採茶戲」，尚可證其源出鄰村。有的地方（如鄂東各縣）叫它「花鼓戲」，則不知究竟因何得名。它場面上的樂器既無「花腔腰鼓」其物，唱法也與所謂「鳳陽調」不相干。（壽堂按，在湖北，也常看到繫腰鼓，打小鑼，一男一女，沿街賣唱，叫「打花鼓」，跟「鳳陽花鼓」是一路數。因爲打花鼓的，不作興唱「蔡明鳳辭店」這類花鼓戲，而只唱些小調。）

這種「戲班子」，約計全部不出二三十人。角色最重要者爲小旦、小生、小丑，大約每行當家（頭牌）一人，貼補（二牌）一人。此外也有鬍子生、花臉、老旦等，則皆極不重要，通常是由不固定的任何人臨時扮演，且往往兼充。樂器方面，只有鼓、板、鑼、鈸，而不用絲絃。行頭尤為簡陋，除小旦小生稍講究外，其餘往往可以便衣上臺。一個花臉穿件藍布棉袍，是很常見的事。唱則不分角色，一律本嗓，腔調只快慢二種，快者略如西皮二六，慢者略如搖板，慢者每句末數字，後臺場面一齊幫腔，快者則否。

老實說，這種東西名之為「戲劇」，實在很勉強。但它在鄉村的號召力，卻異常的大。其原因：(一)易於搬演，費用低廉。(二)唱詞通俗，腔調單純，易懂。(三)劇情十之八九為男女調情，配合上各式猥褻的「做工」，使村氓陌婦獲得一種打破禮俗約束的滿足。

尤其這第(三)點，造成到處風靡的現象。因此在戲場中，男女之間勾搭沾染，在所不免，這在昔日，當然認為是傷風敗俗。所以，這種戲便一向是違禁的。每一個縣官上任，照例要貼告示：「嚴禁私宰耕牛演唱花鼓淫戲」。而民間上等人家，也照例是不准子弟看這種戲的。不過因為它擁有廣大的「戲迷」群，所以事實上也從來沒有禁絕過。

這種戲各縣都有，當然也有好壞高下之別。據說，最好的出在黃陂縣，於是錫以專名曰「黃陂腔」。各處唱法，儘可能的以此為準，有如唱京戲的之著重「中州韻」。事實上，「黃陂腔」唱得最好的角，又多數是出生在黃岡縣的人。

約在民國初年，有人把這種班子帶到漢口演唱，很快的受到多數人的歡迎。當然，行頭場面，經過若干改良，形式上稍近似於「大戲」。但內容以「淫」勝，則為始終保存的特色。觀眾方面，固然已絕少農民，但也沒有「上流人士」。最捧場的是妓女和「玩的人」（滬語白相人），自然又不免勾搭沾染的那一套。進一步，臺上的演員多數以勾引觀眾中婦女為能事。這仍然不是當時的社會風氣所許可的，官廳禁令也很嚴，這些戲班子只好托庇於租界。

北伐軍初到武漢，除舊佈新，禁網疏闊，原托庇於租界的花鼓戲，忽然汎濫到市區來。但為時不久，禁令重申。這時候有一些人，認為與其禁遏，不如改良。經過了多次的醞釀設計，終於實行了訓練演員的方案。大約是民國十八年，由漢口市教育局主辦「楚劇演員訓練班」。「楚劇」的名稱，就由此而來，這本是用以消除花鼓戲三個字的印象的。規定：凡楚劇演員，非經訓練領有證書，不得演唱。訓練的內容，著重於劇情的整肅，戲詞的改良。並列出許多禁戲，永不准演。這訓練班大約辦了三期，當時的演員差不多都受了訓。名角有李百川、沈雲陔等。

由花鼓戲改為「楚戲」，最大的變化是場面有了絲絃（胡琴、月琴）。這一來，它更加接近「大戲」的形式。而詞句通俗易懂如故，劇情多涉男女亦如故，只不過稍為清潔而已。於是認為「大戲」難懂的人，更加愛好「楚劇」。戲班方面，為滿足「看」的人起見，在行頭方面，競異增新，極豪華壯麗之致。每開場時，又從「大戲」生呑活剝來一兩齣「正經戲」。這可以使觀眾免於「看小戲」的自卑感，大有裨於招

> 徠。民國二十年前後，「楚劇」盛極一時，一如近年上海的「越劇」。不過到了這一步田地，離開原來的「採茶戲」眞不止十萬八千里了。
>
> 楚劇常見的有：「呂蒙正趕齋」，「梁山伯祝英臺」，「蔡明鳳辭店」，「喻老四反情」等等。蔡明鳳喻老四，據說都實有其人。大約都是鄉村裡的風流奇士，艷事流傳，膾炙人口。是研究民間故事的好資料，可惜我知道的太少了。（臺北文星書店，民五十三年一月版，頁二四二。）

我很同意棄子兄的看法，湖北人不得硬稱花鼓戲爲楚劇，這跟漢戲的湖北調不同。關於漢戲的研究，棄子「未埋庵短書」收有四篇文字：「楚謳憶語」，「記余洪元」，「再寫余洪元」，「漢劇名伶叢錄」，論證很精到。

民國三十年夏，我在成都購得三四十齣花鼓戲的本子，多爲三十二開，薄薄的一二十頁不等，鉛印。有一種報紙印的，總稱「標準楚劇指南」，分集發行，每集多半收入四齣花鼓戲。如漢口統一街宏文堂書局的版本，其第五集收有「蔡明鳳辭店」，「蘆花計」，「董婆教女」，「陶府會」。一種土紙印的，封面特註明中華民國三十年二月重印，總稱「新編楚劇大觀」，漢口楚漢研究社編輯，漢口大文堂書局出版，武昌大同書局印行。其第六集收有「張德和休妻」，「何氏勸姑」，「吵嫁妝」，「紡棉紗」。也有一種四十六開本，稱爲「袖珍標準楚劇大王」，其第十三集，收有「蘆林會」，「安安送米」，「逃水荒」，「父女會」，書末註明「批發處漢口統一街武昌胡林翼路興華書局」；與前兩種不同的，除了「逃水荒」跟所有花鼓戲一樣，全部是唱詞，這其餘三齣添入了很多說白，不知是否由於所謂「楚劇改良」所使然？不但這樣，正如棄子所指出的，有一部份已非純粹的花鼓戲，而是把大戲裡的劇情與唱詞，生吞活剝的羼雜了進來。不過，這倒很易於辨明就是。

其實，俗文學的相互流變，原爲極自然的事，只是不可生吞活剝，勉強湊合而已。

「蔡明鳳辭店」，乃是湖北花鼓裏最普遍流傳的一齣，始終只男女兩人對唱，描寫行腳商在異鄉與客店女東家的戀愛，既說得情到禮周，也把男女熱戀之後，精神歸於平靜，雙方相互體貼、尊敬，深情勸告，敘述得恰到好處，隱隱透著一種世俗義理：「露水夫妻不到頭」，男女都應對自己婚姻守其貞操。他倆好合好散，不像如今亂世男女，動不動弄得拚死賴活，眞是那麼「姦情近殺」的。它的結構，雖給「改良」了，分爲三場，其實只是小小的獨幕劇，沒有劇情變化，也沒有正派反派人物來構成矛盾與起伏。但是，這齣小戲，清唱也罷，表演也罷，正如平劇最爲人所熟悉的捉放曹、空城計、坐宮一樣，也教人百聽不厭，百看不厭。這其中的道理，是大可體味的。而蔡明鳳辭店中，毫無捉放曹、空城計、坐宮那樣的劇情變化，僅僅只是「辭店」一事。

說到情緒表現，劇中人的蔡明鳳、胡二姐，又何嘗不激情衝動？但是這齣花鼓戲的內容跟型式——用歷史人物與俗傳事情來比喻義理，一層一層的分析訴說，懇切情眞，辭句委婉，使受責備的人心平氣和，挑動了哀傷，卻不過於愁怨恨苦，令你英雄氣短，這就是「實只望，再不能」那幾段感歎處。「只」字應爲「指」，但這齣戲唱念起來，仍以用只字，才見其原本味道。

在胡二姐，本爲十分悲傷心情，而她卻要「說幾句，喜慶話，免奴耽憂」，深深顯示花鼓戲中賢德女性的典型。

用字的簡潔，句法的平順而又頓挫跌蕩，可喜。像「奴愛你，結爲溫柔」，溫柔二字，如此用法，就妙極了。「恩愛姐，蔡郎哥」，如聞其聲。「停針帶」的「帶」字，可謂俗中之雅。「好一似，懷抱冰，冷水淋頭」，這比喻，隨手拈來，極見力量。三、三、四型式以外的變句，整齊中的參差，更使全部唱詞結構顯得活潑，如：「他罵我，蔡明鳳，玷辱他的女流」，蔡明鳳唱到這個變句，也剛好，掩飾其說假話的心虛。「王大人，認爲犯女，是他結交好友」，這句子，牽涉到戲的關鍵所在。「開弓難留弦上箭，流水難停水面舟」，正當劇情發展到高腔快板念唱，而出之以俗詩的壓場。「我勸你，那飯店，有什麼開頭」，急言快板，很有氣勢，又隱然含蓄著男性的自私心理，蔡明鳳甩掉了胡二姐，卻不願意她再與別人結爲溫柔。這話，他又怎麼好意思明明白白說出口來？

三百句，一韻到底，可謂全神貫注。但如以三言爲其基本句式，則句子數量當作九百句計算。

劇詞中，歷史比喻提到「昏王劉秀」，「把一個，老姚期，法場斬首」，這一段典故，卻是民俗的訛傳，值得討論的。

這種民俗的訛傳，顯然受了大戲的影響。平劇的「上天臺」，也把銚期說做姚期。而胡二姐接著所舉趙匡胤酒醉殺盟弟鄭恩的事，正是平劇中的「斬黃袍」，我們嘴邊所常唱的「孤王酒醉桃花宮」，按之歷史，鄭恩和陶三春，不僅宋代無這倆個人，其他朝代也無有。這實在太是厚誣古人。龔德柏「戲劇與歷史」，特別爲這兩位皇帝鳴不平：

中國歷代開國朝，不殺一功臣者，只有漢光武與宋太祖兩人。光武有二十八宿上天臺的小說與戲劇，而宋太祖亦被小說和戲劇形容其無賴。而殺功臣的漢高祖和明太祖，卻沒有一齣戲以表演其殘忍刻薄。是中國編小說戲劇的人，故意與好人爲難，而偏祖惡君主，眞使人太不平了。（作者自印本，五十一年七月版，頁一一三。）

平劇中，關乎漢光武一天之內，殺了二十八員大將，冤魂索命，光武也瘋狂而死，這「二十八宿上天臺」的戲本事，以及歷史絕無其事的考證；還有關乎趙匡胤部份的，龔著中討論得極詳盡，不一一徵引。按說，小說戲劇不是歷史，儘可能想像誇張，無中生有，但對歷史有定論的人物，給他是非顚倒，張冠李戴，唱出「昏王劉秀」這種訛傳，確乎是太要不得。幸而南北各地「王莽趕劉秀」的故事傳說，大大讚美了這位「眞命天子」，而民間傳說中對朱洪武的殘殺，那是貶責得太多了。

編劇上的這種大錯誤，如何形成的呢？觀衆怎麼又容忍下這種錯誤呢？我想，清代君主專制，威武嚴刻過甚的背景，和觀衆看戲的娛樂心理有以致之。

民俗的訛傳，在俗文學的故事、傳說、笑話、歌謠、諺語、俗曲之中，幾乎是常有的事，但少有如這個訛傳之太是唱了反調。第一、把東漢雲臺二十八將的銚期，錯成了姚期。也是銚姓少見，二十五史裡，只有銚期、銚丹、銚統，一家子幾代七個人。而戲中絕不會唱成「銚」字的。第二、銚期「在朝廷憂國愛主，其有不得於心，必犯顏諫諍。」他是病死的，並無受刑之事。當然，他有引起皇帝發脾氣，而成爲訛傳的因子。第三、歷史和民間傳說，都盛稱漢光武的賢明得人心，卻從沒有聽說稱他爲「昏王」的。否則，中原地帶很多「王莽趕劉秀」的傳說，劉秀每臨危難，總得神人、禽獸昆蟲萬物相助的話頭，就不會這麼普泛了。而據兩種版本看來，「昏王」二字並非刊誤。

再說，蔡明鳳辭店全劇，深得詩人溫柔敦厚之旨，並無輕佻與浮浪，照這個劇本演來，也難於表演淫蕩的「做工」，因爲全劇只見胡二姐的情到禮周，反倒覺得蔡明鳳薄倖。最末句「從今後，只開店，不把情偷」，就感到不是多餘，而成爲極好結束，有曾經滄海難爲水的意境。

以下，錄「蔡明鳳辭店」全劇。

劇中人物

蔡明鳳　販商，年三十歲，戴方巾，著藍衫，皂底鞋。

胡氏　飯店內東，年二十餘歲，梳髻，著淺色竹布褂褲。

第一場（街市景）蔡上

（蔡唱雅腔）：

表家鄉，住黃州，古樓街口，
我姓蔡，號明鳳，貿易外遊。
悔不該，在家中，時常爭鬥，
因此上，販珠寶，來到黃州。
在此地，二年半，三年不夠，
胡二姐，他待我，情到禮週。
我本當，時常的，住在店內，
怕的是，住久了，惹禍上頭。
我不免，將假言，向姐說就，
就說我，二爹娘，要我回頭。
巧主意，打定了，店房內走，
請一聲，胡二姐：鄙人回頭。

第二場（店房景）胡上

（胡唱雅腔）

胡氏女，在後面，停針懶繡，
耳聽得，前店內，呼喚小奴。
莫不是，前店內，要茶要酒？
想必是，過路客，把奴店投。
花不繡，停針黹，前店內走，
原來是，客人哥，轉回店頭。
哥往昔，回店來，說笑都有，
是何然？今天回，面帶憂愁。
猜不透，其中意，陪哥坐就，
閒無事，猜一猜，肺腑情由。
莫不是，三茶飯，不合哥口？
想必是，藍衫舊，不稱心頭。
莫不是，年歲荒，生意難做？
想必是，四鄉下，殘賬難收。
莫不是，在外面，與人爭鬥？
想必是，衆街鄰，待哥不週。
莫不是，蔡郎哥，嫌奴醜陋？
想必是，有新戀，要把奴丟。
這不是，那不是，猜哥不透，

想必是，思家鄉，要回黃州。
（蔡唱）
胡二姐，雖女流，聰明倒有，
猜透了，蔡明鳳，肺腑情由。
轉面來，施一禮，陪姐坐就，
慢把我，肺腑事，細說從頭：
也不是，三茶飯，不合我口，
也不是，藍衫舊，不稱心頭；
也不是，年歲荒，生意難做，
也不是，四鄉下，殘賬難收；
也不是，做生意，與人爭鬥，
也不是，衆街鄰，欺我遠遊；
也不是，我明鳳，嫌姐醜陋，
那一個，無情義，把姐拋丟？
我每年，收殘賬，大街行走，
我岳父，有書信，來到黃州；
蔡明鳳，接書信，從頭觀就，

一字字，一行行，寫得清楚：
上寫著，岳父母，將婿望候，
下寫著，朱蓮妻，吵鬧不休。
我若是，不歸家，岳丈發怒。
他罵我，蔡明鳳，玷辱他的女流。
蔡明鳳，到今年，二十八九，
常言道，人到三十，萬事干休。
恩愛姐，讓我歸來，情高義厚，
辭別了，恩愛姐，要回黃州。
（胡唱）：
蔡郎哥，這句話，從何出口？
陡然間，爲什麼，要回黃州？
轉面來，施一禮，陪哥坐就，
蔡郎哥，提起前言，對不住小奴。
曾記得：那一年，黃昏時候，
蔡郎哥，獨一人，把奴店投。
此時間，奴也曾，問得清楚：

哥講道：住黃州，古樓街口，
哥姓蔡，號明鳳，詩書看透，
上無兄，下無弟，又無親族。
哥在店，與奴家，情高義厚，
你愛奴，奴愛你，結爲溫柔。
爲我哥，我娘家，不准行走，
爲我哥，人面前，低了半頭。
實只望，與我哥，天長地久，
再不能，與蔡郎，永到白頭。
實只望，與蔡郎，社會場常走，
再不能，與蔡郎，遊玩春秋。
實只望，與蔡郎，百般恩厚，
再不能，與蔡郎，蓮開並頭。
實只望，與蔡郎，同席飲酒，
再不能，與蔡郎，久住店頭。
實只望，與蔡郎，同把店守，
再不能，與蔡郎，同議計謀。

狠著心，問蔡郎，何日趕路？
（蔡唱雅腔）：
辭別了，恩愛姐，即回黃州。
（胡唱）：
聽說是，蔡郎哥，即刻就走，
好一似，懷抱冰，冷水琳頭。
勸世人，親丈夫，莫嫌陋醜，
用單線，縫破衣，細水長流；
奴戀愛，蔡明鳳，人品倒有，
到今天，他無情，要把奴丟。
他若是，親丈夫，定不准走。
到今天，他要走，奴也難留，
常言道，露水夫妻，不能到頭。
我本當，把蔡郎，強留在店內。
（蔡白）：鄙人住久了。
（胡唱）：
狠心人，要歸家，奴也難留。

留客官，必須要，壺瓶有酒；
壺瓶內，無美酒，怎把客留？
開弓難留弦上箭，流水難停水面舟。
罷罷罷，不留哥，將奴等候，
賣飯女，到後面，包裹來收。
悲切切，我只把，後店內走，
見包袱，和雨傘，火上加油。
有短褂，和小衣，包在一路，
把幾兩，散細銀，包在裡頭。
賣飯女，好一似，銀河岸口，
隔住了，美夫妻，不能到頭。
狠著心，將包袱，交與哥手。
（蔡唱）：
蔡明鳳，接包袱，珠淚雙流。
轉面來，開包袱，拿銀在手，
把與姐，算飯錢，姐要收留。
（胡唱）：

蔡郎哥，提飯錢，小氣朋友，
賣飯女，不是那，無義女流。
你知道，奴店中，錢不湊手，
幾兩銀，做盤費，惟恐不週；
我這裡，將銀子，付與哥手，
帶只在，一路上，好把店投；
眾街鄰，待我哥，情高義厚，
起程時，叫個辭，情到禮週。
（蔡唱）：
胡二姐，雖女流，聰明倒有，
他若是，奇男子，必中王侯。
恩愛姐，在店房，將我等候，
蔡明鳳，到大街，去辭朋友。
來只在，十字街，急急拱手，
尊一聲：眾街鄰，駕聽從頭，
蔡明鳳，在此地，打擾日久；
下八月，到貴地，再把情酬。

辭街鄰，轉回房，告辭就走。
（胡唱）：
奴還要，送我哥，幾里路途。
（蔡唱）：
胡二姐，你生來，身體弱瘦，
怎能夠，送卑人，幾里路途？
（胡唱）：
送蔡郎，不過是，三五里大路，
難道說，把蔡郎，送到黃州？
（蔡唱）：
胡二姐，到今天，送我行走，
一路上，有人問，怎答情由？
（胡唱）：
客人哥，聰明人，一時糊塗，
難道說，這件事，無有計謀？
就說是，親表妹，送哥趕路，
切莫說，我和哥，結爲朋友。

手挽手，出店門，鏈環緊扣。
（街市景）
蔡郎哥，慢慢走，等候小奴。
送蔡郎，來到了，大街背後，
是此街，無有人，敘敘苦愁。
不知道，蔡郎哥，今天要走，
昨夜晚，未與哥，細說苦愁。
哥起程，奴未辦，餞行美酒，
一路上，休怪我，情禮不週。
勸蔡郎，歸家去，學習正路，
有酒色，和財氣，哥聽從頭：
好酒人，酒醉後，麻木丟醜，
好色人，未攏身，結下冤仇，
好財人，想富貴，命不長久，
發氣人，逞英雄，大禍臨頭。
西天佛，不飲酒，佛門爲首，
韓湘子，不貪色，終南山修，

包大人，不貪財，清官來做，
有張公，百忍氣，九世同族。
前朝中，有一個，昏王劉秀，
酒醉時，斬大臣，敗壞龍樓，
把一個，老姚期，法場斬首，
到後來，上天臺，二十八宿。
宋朝中，趙玄郎，好貪色酒，
酒醉後，桃花宮，誤斬手足，
把他的，鄭三弟，法場斬首，
滿朝中，文武官，珠淚雙流。
御妹夫，高懷德，三把本奏，
陶三春，興人馬，爲夫報仇。
小包貶，好貪財，貪官來做，
包大人，不貪財，是他親叔；
那一天，衆大臣、長亭飲酒，
只道得，包大人，臉上含羞；
包大人，聽此言，氣沖斗牛，
用鐵扎，扎姪兒，屍分兩頭。
楚霸王，氣力大，聲如雷吼，
取滎陽，與劉邦，結下冤仇，
紀信臣，替主死，讓王逃走，
到後來，喪烏江，自刎人頭。
勸蔡郎，丟開了，財色氣酒，
哥要學，四大賢、漁樵耕讀。
（蔡唱）：
胡二姐，送卑人，大街背後，
蔡明鳳，有一言，姐聽從頭：
胡二姐，講的是，財色氣酒，
比一個，愛玩人，姐聽從頭。
昔日的，王金龍，都堂之後，
身帶著，三萬六千銀，在外閒遊。
那一天，遊到了，煙花巷口，
他與那，玉堂春，結爲朋友。
爲蘇三，打金杯，花錢無數，

爲蘇三，造起了，南北二樓。
他二人，配夫妻，對天一叩，
海可枯，石可爛，情不可丟。
三個月，錢花完，鴇母發怒，
三九天，剝寒衣，趕出院頭。
王金龍，出院來，走投無路，
無奈何，關王廟，去把身投。
好一個，賣花人，送信樓口，
玉堂春，在此樓，才知情由。
此時間，得了信，把病裝就，
假裝病，私藏銀，去把籤抽。
玉堂春，進廟來，四下觀就，
神龕下，會情人，哭斷咽喉。
三百兩，雪花銀，交與他手，
王金龍，進南京，去把名求。
到後來，得中了，皇榜魁首，
封他的，都察院，名揚九州。

又誰知，玉堂春，紅案犯就，
王大人，坐大堂，審問情由，
王大人，認得犯女，是他結交好友。
玉堂春，說出了，犯罪情由，
玉堂春，被大人，審問清楚，
才知道，玉堂春，犯罪情由。
八臺官，王金龍，情願不做，
願與那，玉堂春，到老白頭，
這也是，愛玩人，結交好友。
胡二姐，你是我，恩愛朋友，
恩愛姐，比蘇三，世間少有，
我怎比，王金龍，那樣出頭？

（胡唱）：

送蔡郎，來到了，三岔路口，
賣飯女，有一言，哥聽從頭：
哥去後，奴好比，風箏失手，
哥去後，奴好比，殘燈無油，

哥去後，奴好比，雪梅空守，
哥去後，奴好比，賈氏女流。
哥好比，漢劉備，過江行走，
奴難比，孫夫人，去把江投；
哥好比，梁山伯，三次訪友，
奴難比，祝英臺，久住杭州。
哥住黃州……奴住蘇州……
蔡郎哥……莫把奴丟。

（蔡唱）：

胡二姐，送卑人，三岔路口，
蔡明鳳，有一言，姐聽從頭：
我好比，園中花，不能長久，
姐好比，比目魚，被水沖流。
這一回，歸家去，是非必有，
岳丈罵，妻埋怨，臉帶羞愁；
我要是，忘姐恩，這回斷路，
閻羅殿，枉死城，不把姐丟。

（胡唱）：

送蔡郎，來到了，陽關大路，
說幾句，吉慶話，免奴擔憂。
但願得，哥回家，平安好走，
但願得，天賜福，早到地頭，
但願得，生兒女，傳宗接後，
但願得，子孫賢，獨占鰲頭。
日出東方，早行路。
日落西方，早把店投，
登山涉水，早待時候。
切莫把，賣飯女，掛在心頭。

（蔡唱）：

胡二姐，送卑人，陽關大路，
蔡明鳳，有一言，姐聽從頭：
但願得，回店房，平安好走，
但願得，身體好，明鳳無憂。
我勸你，歸家去，生意不做，

我勸你，那飯店，有什麼開頭？
清早起，開店門，白米幾斗，
到晚來，只落得，點燈上油。
年老人，會飯錢，七折八扣，
年輕人，會飯錢，伸手動足。
蔡明鳳，在一旁，氣沖牛斗，
我不是，親丈夫，不敢出頭。

（胡唱）：

哥要學，牛皮燈籠，火光不透。
哥莫學，蠟燭心，點不到頭。

（蔡唱）：

姐要學，松柏青，四季長久。

（胡唱）：

哥莫學，楊柳青，有春無秋。
眼看著，我二人，難以分手，
倒不如，轉店房，再住幾秋。

（蔡唱）：

我和姐，美恩情，實難分手，
黃金難買姐賢淑。
一眼望見黃州大路，
恨不得，這一足，跳回黃州。
恩愛姐，送卑人，只往前走，
回頭看，到店房，許多路途，
恩愛姐，回頭看，有人問路。
做一個，無義人，把姐來丟。

（蔡下）

（胡唱）

狠心的，蔡郎哥，揚揚就走，
到今日，害得我，冷水淋頭。
蔡郎哥，好一比，無情鳥獸，
開籠鳥，拍翅飛，永不回頭。
站高坡，手抓樹枝，望哥不夠。
狠心人，想歸家，決不回頭。
望不見，蔡郎哥，忙回轉走。

（店房景）

想起了，哥歸家，一段情由。
倘若是，與他妻，一場爭鬥，
賣飯女，落罵名，萬古傳流。
三岔口，轉到了，大街背後，
獨一人，冷清清，轉回店頭。
奴先前，送我哥，路平好走，
爲什麼，轉來時，有凹有溝？
蹌跌跌，腳又痛，忙往轉走，
不覺的，轉到了，自己店頭。

用手兒，開鏈環，店房內走，
進店來，不見哥，哭壞小奴。
恨不得，將哥的，容顏描就，
描眞容，掛只在，羅帳裡頭，
悶來時，分羅帳，雙目觀就，
見眞容，如見哥，藉解憂愁。
店房內，去了我，知心朋友，
看起來，這飯店，有什麼開頭？
到今日，想往事，自作自受，
從今後，只開店，不把情偷。

末了，不可不說明。上面寫述的一些意見，自己實在十分外行。只是，這題目，寫記在我秋暉書屋的案頭上備忘，已經一年之久。想著，對俗文學地方戲曲的研究，做一個引子，拋出一塊破磚頭，就大起膽子，不怕說錯話了。

地方戲曲之豐盛繁雜，非粗粗分析所得畢事，須是有人分頭的來調查研究。抗戰最艱苦的時際，民國三十一、二年，徐嘉瑞的「雲南民謠研究」，就帶有十分期望的心意，提出這種看法。（見西南聯大、師範學院編行的「國文月刊」第二十一期）後來，在臺灣，民國五十一年，我跟妻子匡兄合編「五十年來的中國俗文學」，就只好把地方戲曲撇開了，那是應該另有專書來記述。近年，常有人提說劇本荒的事，何以不於地方戲曲上多取借鏡呢？固然，地方戲曲與話劇劇本，是截然的兩回事。但如果，治理戲劇的朋友，都有興趣於地方戲曲的調查與研究，其必然於戲劇文學大有益惠，是可以深信的。我寫述本文的主要意旨，也只在於此。

民防電臺曾播放過湖北花鼓戲的錄音，聽到過的人都甚爲欣賞，比之從前在本鄉本土看花鼓戲、聽花鼓戲，更覺得特有一番情味。由之，教我們要注意到，地方戲曲的調查研究，錄音記載這件事，是十分要緊的。

載民國五十四年十一月「文壇」六十五期

上上品「龍門客棧」

「龍門客棧」之轟動海內外，應不止是十年前的事。有那麼好些書呆子，治學甚勤，捨不得耗時間常看電影。譬如亡友趙鐵寒教授。他專治中國史學四十多年，與他初識於長城抗日冷口戰役之際。廿七年冬，過洛陽，在繁忙政務之餘，而敵機空襲頻頻，曾見他寢食俱廢的，埋首史籍典册之中。臺北近三十年，常有碰頭，卻也不過一年那麼三幾次，彼此太忙，他的史學，我的文學與諺語。然而，「龍門客棧」初在臺北映出，他卻去看了，看得十分滿意，特別向我介紹。我竟然失之交臂，只因難得花半天時間，電影街排長龍買票。這次舊片重映，總是三輪四輪罷，且已近尾聲，那天午刻，我夫妻倆去臨近門可羅雀的小影院看了。

龍門客棧，確乎名不虛傳。

乾淨俐落，一如莫泊桑的短篇小說。然而，其描寫的深刻有力，那忠奸對打的場面，緊密迫人，不僅只是意思意思而已，則有如托爾斯太的「戰爭與和平」。「龍門客棧」的故事結構，其實只相類於唐人小說那篇最短、情節也最簡單的小品——忠臣兵部尚書于謙爲明英宗所殺，子充軍，東廠奸小途中劫殺，賴于舊部與江湖豪俠三數人力戰解救——在東廠奸小肆虐，陰謀劫殺，以及忠義豪俠力戰的情態敘說上，其層層剝蕉的細緻用力描寫，則近於我國長篇說部「三國」、「水滸」、「紅樓」的手法。

難得的是，對話也乾淨俐落。

再有大的特色，從片前一應文字說明，全劇進行中的音樂、服裝、生活用具，皆是一體的中國風味，那客棧內外景物，皆充分呈現中國風味。製片人未有經費上搭得緊，而致偷工減料，造成電影藝術的勁道不足。這一點，是國片六十多年來的缺點，人人皆知，卻難以克服的。「龍門客棧」，在這方面，有了大力突破。

兒女英雄的情愛，著墨極淡，不到百分之一的比重。既未出乎言語表白，也只有極其極其細微的一點小動作，在銀幕上一瞬即過，然而男女間那眼神凝視，而旋即爲忠義剛烈的赴戰精神所捲忽而昇華。這也是編導的高明處。

主角和配角的演出，都皆各稱其職。

「龍門客棧」與三十年前的「小城之春」，都是國片中的上上品。這兩部電影的故事、風格、形象造型，可說大異其趣。之所以要相提並論，是在編導的手法：情節簡單，描寫深刻有力。

若從「龍門客棧」的取材說，中國歷史人物的故事，實在是太有發掘不盡的寶藏。當然，「龍門客棧」更重要的是，表現了中華民族忠勇剛毅的國格，儘管老百姓是那麼鄉巴佬的，平庸的，卻也是融融樂樂的。在這樣編導的主旨上，並沒有正面的說教，無怪乎當年趙鐵寒兄那樣爲之心折，逢人便說，這部電影不可不看。

評李小龍「猛龍過江」

民國六十二年新春，李小龍主演的「猛龍過江」、「唐山大兄」，兩部電影，在臺北十一家電影院放映，愈映而愈盛。「猛」片更係其自編自導。我看「猛」片，是正月初十這天，好幾天前，報上就說，在臺北，他這部片子的賣座，早已超過「梁祝」的盛況了。

我認爲，這部片子無論劇情、編導、背景、主角與配角的表演，對白，乃至音樂與陪襯的一些小小過節，都很完美。有許多場面，它省略去了，具有簡勁的手筆。

當然，最成功的，是李小龍的國術工夫，令觀衆爲之激賞無已。我鼓了無數次的掌。

這部電影，應該在中國電影史上，佔到很重要的一頁。

劇中人唐龍，此命名隱示唐山之龍。

他身著唐裝，處處見其中國風格，雖然他是置身歐洲。

劇情開始的一段對話，說要把身心的潛能發揮到極致，見中國國術的理則。

劇情發展的頂點，羅馬競技場的角力，這一外景，眞虧他想到的，超絕極了。小貓兒注視，爲之驚愕的表情，雖係插曲，眞插得好，好對照之筆，而無畫蛇添足感。

全片，十足勁力，一氣呵成。看完之後，直似一個脊樑強壯的健士，在山谷瀑布下沖洗了一個涼水澡。

女主角，一如其名，水木「清華」，一點也不濃粧艷抹，又不暴露絲毫性感，仍然見其現代中國女性柔美動人十分。也不穿中國旗袍那份扭揑（張大千一幅摩登女郎的諷刺，因人家要他著「時裝」，而爲此畫自嘲）。她已向唐龍示愛，而唐龍把中國武術家，不好兒女私情的傳統性格，表現得極爲乾脆。要是西洋片，一定是男歡女愛，熱情激盪的呀。

這實在是編劇的高明處。

可是，李小龍卻突破了舊來中國影劇的形式，以墓園中的離去，爲結局而落幕，豈不令萬千觀衆，出乎意外。

對方多人圍攻，又用長槍、短槍、伏擊和近程射擊，而唐龍獨力支撐，他絕不用洋槍，只不過自己用木頭削成的飛鏢，憑氣力而射殺敵方。

在最後的決鬥中，他自己也被打得嘴破血流。也曾被摔倒在地。加強了戲劇氣氛，也大見眞實感。對方被打死之後，他旣已走開，卻又轉回來，取對方拳衣爲掩覆，是極見人情味的動作。兩人交手前，已是渾身大汗淋漓，見氣勁內斂，力道威猛之功。

結局，本有許多情節，還應有描寫、交代；但是編劇給省略去了，好文章，眞見剪裁，劇情乃急轉而下。

看完之後，所以跟好幾位平日難得抽工夫看電影的朋友通電話：「你看過精武門麼？」對方多半都看過。我再說：「這猛龍過江，比精武門還要好，實在値得看。」

李小龍如此在銀幕上，表現剛強勇猛，而並非無緣無故的逞強好鬥，我想，國術界人士，應該比我們這些觀衆，更要有一番可評論的高明意見了。

還有，每個觀衆，都覺得應對李小龍大大表示一番敬意——我不曉得，他的私生活如何？在中國武德精神來說，愈是技藝精絕，愈是體能強壯，則愈見其君子謙謙之德，有人爲李小龍這位偉大演員說中國的易理麼？

如果深深領味了這部中國最偉大的哲學經典，則李小龍的武藝與電影藝術，將更有無可限量的前程，其賜給中外觀衆健康心志的功能，何止於千百位心理科醫師的服務。

好一位陽剛之美的李小龍。如果司馬遷復生，也會在史記裡，另闢一篇來讚賞的。

載民國六十二年二月二日「新生報」「樂與藝」

觀八儔書展

宜昌馬紹文，鎭海高拜石，林森尤光先，至德謝宗安，豐順陳其銓，福州石叔明，福清施孟宏，七位先生跟濰縣鄷濟榮女士的八儔書展，於民國五十三年三月三日起，在臺北國立歷史博物館國家畫廊展出。

茶會席上，包遵彭館長報告，日前有美國朋友來參觀，看了這八十餘幅甲骨、篆隸、八分、行草、正楷的書幅，說這彷彿都是一個人寫的。

是麼，豈僅彷彿是一個人寫的；這是中國人寫的！這是五千年中國文化所寫下的。包館長如此答覆美國朋友的贊許。

包館長很喜慰的談到以文會友的意境。他指出了八儔書展具有共同的精神，而爲個別的風格，我很以這評論爲然。他又說，在從前，畫展好舉辦，而書展似乎不易引人興趣，這幾年卻變了。

就我這個於書道藝術無知，而只是寫了幾十年中國字的體味來說，稍習書法的朋友，看了我的一筆字，無有不搖頭的：結構鬆散，無有筆力，更毫無書卷之氣。只因少時略爲臨過碑帖，也不過止於孔宙碑而已。平時喜好瀏覽近人各家書法，自以爲常得鑒賞的情趣。提起毛筆來寫字，居然自以爲得心應手，也就自以爲進入到一種「化境」，既得心正筆正的理趣，尤其自以爲領略到自由自在的風味，如鳶飛，如魚遊，如白雲之舒卷，而非如使用有格稿紙，醮墨水，寫鋼筆字，常不免稿紙上塗得凄風苦雨的。

我想，書法家固無論矣，凡是用毛筆寫中國字，寫了幾十年，而又常常在寫的人，一定在筆鋒落紙之間，會感到得心應手之樂，這比之一日三餐手指使用筷子享受飯食之樂，大異其趣。有人滿足口、腹之慾，常不免桌下大搖其腿，表示其舒暢。寫字呢，少見人這樣表示其情緒，它只是精神上的寧靜，心靈的舒暢，從筆墨，透之於紙。

八儔書展，大幅小條，各見其風格，各顯其藝道，各有其美趣。或者是很蒼古的，或者是很雄渾的，或者是很骨勁的，或者是很剛正的，或者是很清新的，或者是很豪放的，很灑脫的，乃至很樸質的。但絕不是虛浮的，柔媚的，纖小的，拘謹的，當然有意無意的，也見些許的狷介和狂放。

有位長者，憑他七五高齡的素養，於書展的茶會席上，懇切奉告此書道八友，務必精於一體，不必眞草隸篆，樣樣都來。我想，這話有其不移之理，藝術要求精到。但是，凡爲一個書法家，並非我們這種只會寫中國字的人，當其以藝術手法，身臨於書道，那是任怎樣勉戒自己，也抑制不住一種精神內在的衝動，他就是要活用不同筆法，一吐胸中魄磊。

杜甫「短歌行贈王郎司直」有句：

王郎酒酣拔劍砍地歌莫哀，

我能拔爾抑塞磊落之奇才。

豫章翻風白日動，

鯨魚跋浪滄溟開。……

成爲一個書法家，若只會或只好一體，也許在書道藝術的感受上，難臻出神入化之境，而不免硜硜自苦。好幾年前，宋海屛兄贈給我一本陳其銓先生的「中國字體源流」，展卷閱讀，陳氏所臨甲骨、篆隸、行草、正書，無不出神入化，各盡其妙。其他六位先生和酆女士，此次展品，亦復如此。我想，要這樣，書法家方得揮灑自如之樂，此之謂藝術，纔深具可玩味的情趣，跟小學生習字，大有不同。

在這個時代，因爲印刷術的進步，寫文章的人少有惜墨如金，就如我這篇短文，即不免嚕哩嚕嗦，而寫到這裏還意猶未盡。我要說，在這個時代，也很有幾位才氣縱橫之士，著書立說，品今論古，義理既高，辭趣亦美，但是，他寫在原稿上的中國字，卻是劍拔弩張的，毫無書卷氣，甚是不如糾糾武夫的靈秀。我不曉得，在若干年之後的將來，後人評論我們這個時代的文人書道，對於這種「劍拔弩張」式，會作怎樣的品評？寫慣這種字體的人，他但重在此文字交付印刷工人排版，是一點也不想接觸書道藝術的。

載民國五十三年四月「晨光」十二卷二期

讀李霖燦「中國名畫研究」

中國名畫研究，李霖燦著，十六開，厚磅紙印，精裝，序、目一〇頁，本文三四二頁，圖版九一幅，裝為下册，全書厚八〇公分，民國六十二年七月，藝文印書館初版。以名畫長卷印行，多有寬達六七十公分的，刊印不易，我們初看到這部大書，已是六十三年四月了。此書用老五號宋字排印，行間寬疏，墨色濃凝，規格整然有致，展卷閱讀，異常爽目賞心。總共集納了三十六篇論文。

閻立本職貢圖，宋人關山行旅圖與明皇幸蜀圖，明皇幸蜀圖後記，明皇幸蜀圖的新研究，范寬谿山行旅圖，宋人松岩仙館圖，睢陽五老圖，睢陽五老圖後記，睢陽五老圖的復原，宋人柳陰高士圖，范寬寒江釣圖，宋人望賢迎駕圖，李唐江山小景圖卷，大理國梵像卷和雲南劍川石刻，南詔的隆舜皇帝與摩訶羅嵯名號考，紐約博物館中的維摩詰經卷，劉松年的醉僧圖，馬麟秉燭夜遊圖，黃公望的九珠峰翠和鐵崖圖，明皇會棋圖，李坡風竹圖，王蒙的花溪漁隱圖，搜山圖卷的探討，馬遠的舉杯玩月圖，王世昌的俯瞰激圖及其他畫蹟，王原祁的新評價，是一是二圖和宋人著色人物圖，朱容重竹石海棠圖，顧愷之研究的新發展，南齊謝赫六法淺釋，松石畫格之研究和松泉磬石圖，寒林一系圖畫的初步研討，古木竹石畫系的研究，南北宋的山水畫，中國畫的構圖研究，山林文學與山水畫。

著者說，到臺灣的這二十多年，因爲聽從董作賓先生的話，他專心致意的只做一件事——中國畫史的研究。

這部書，是他經營中國畫史前驅工作的報告。

以一個中原士子，青年時代，負笈杭州西湖，專習繪事；抗戰八年，遊學西南，深入雪山地區，這番罕有的學習、考察、體驗，贏得後來「麼些先生」的稱譽；就在這時際，他進了中央博物院，隨著，供職故宮博物院，眞是齊天鴻福，「日日與歷代的內府書畫爲徒，學到了不少寶貴的經驗。」

這二十多年，著者身歷幾項難得的研究過程，爲常人所不易求。

從事畫史研究，作法平實，貫以十分懇摯、親切、虛心治學的熱忱，「採用最笨的方法，從一張一張的看畫開始。」

日就月將的業績。他「默默地愉快推進，對著所能得到的名畫，天天看，天天讀，天天想，天天寫。」這情境，是參觀故宮博物院的中外人士所不會意想到的。我更當指出，外雙溪這座國寶輝皇的宮院，還有他好幾位同仁，也一樣據其珍藏，埋首治學，都不爲學術的自私、獨霸，樂意提攜後進，共謀中國藝文研究的新開展。

著者曾有機會扈從中國古藝術品赴美展覽，歷時年半，見所著「國寶赴美展覽日記」（國立故宮博物院自著叢書，二十四開，序、目一二頁，本文四〇六頁，圖二四幅，民國六十一年二月，臺灣商務印書館初版）；又時有到歐美各國訪問和出席國際學術會議，既與中外人士多為中國繪畫的研討，也看過不少他國博物館珍藏，大大厚益了中國畫史研討的資據。自民國五十六年起，他在臺灣大學，開中國美術史課，用他自己的體認說，乃是「教學相催相長，已能大致地描繪出中國畫史的全部輪廓。」

由於上述四種情況，他「寢思夢想，心領神會，不知不覺之間，慢慢地抽繹出來一些新的端緒，清理出來一些新的條理。」

在對中國繪畫的親益、研討中，他常有些無意中的發現（三一六頁），再經思考、評斷，而成立確然的論點。乍看，似由靈感而來，其實，這還是從著者深厚學養，與不斷的、無限的關心所產生。

這部書，處處呈現周密的考據，可見著者如何辛勤用力。但卻寫來十分輕鬆，他把好多截然的定論，隨筆帶出。這種論證風格，使人大感喜慰。原來，李霖燦這個人和他所寫的書，都滿溢著充盈宇宙的情趣。我之所以禁不住要寫此文，主因亦在於此。

「謝安並不是藝術批評家」（三一二頁），他之讚賞顧愷之的人物畫，迥然不同前人，美嘆其為生民所未有，實在是由於顧愷之的繪事「照人眼明，謝安在不自覺中感到面目一新，所以悠然便有了這句話的讚美。」

本文未往深處裏評論，只想提出幾點。

本書頗多「照人眼明」的地處，深信其必能引起許多啓導的作用。還有著者可愛的坦誠。

他在治學方法上的體認，獨力思辨以及討教師友的過程，工作經營中所遭遇的困苦與喜悅，皆一一陳述無遺。

我要為「中國畫史」的鉅大工程催生。將來這部大書的出版，希望印得眞正精美，而非書商廣告所稱的「豪華」。當有英文提要，書末附主題索引，以齊備一部大書的規格，有利中外人士研讀。

當「中國畫史」問世之際，到那時候，由於霖燦兄提掖後進，希望已有些年輕人，其學養與治事熱忱，足以接承他這位大師的業績，往前拓展。

霖燦兄篤於治學，未知國家社會在利惠學人的治學上，給了他一些應得的照應沒有？因為，以一生精力，盡奉於「中國畫史」的撰述。其目標高大，結構弘偉，引說豐盛，論證精密，且集納了海內外珍藏的中國名畫，挿印於篇章，奇美絕倫，他實在是這方面空前的執筆人。

此所以，近十年來，凡遇到他，我總以中國畫史的大事，殷殷致問。

載民國六十三年五月廿一日「青年戰士報」新文藝副刊

鞍馬踩鐙繪事質疑

外行人所提出的疑問。這可能是枉費一番考證的工夫，但也是許繪事的欣賞，創作和批評上，起有些微的益處。

國立歷史博物院，剛開幕的那幾年，凡有書畫展覽，我莫不去看一個夠。有一次，觀賞古代名家的畫馬，發現那騎馬踩鐙的描繪，與我們實際乘馬的情態有了出入，因而產生懷疑。此後，凡遇上國畫有鞍馬的畫面，我總必特別注意這一部份。這一注意，問題來了，前人畫鞍馬，在這一點上，少有不發生錯誤的。

存在著懷疑，至少有十年之久。最近，特別有意的多看了些唐宋以來的鞍馬名畫，乃撰此文。更看到顧愷之的洛神賦，那是晉代所流傳下的畫面。

自己服役騎兵有年，又在北方很久，乘馬的機會很多。凡是備有鞍具的乘馬（因爲蒙古、新疆、青海、寧夏這些地方的人們，自兒時即已習慣，多能乘騎無鞍具的快馬。）不論在軍中或民間，那「騎坐」的姿勢，不管慢走、跑步、輕快步、襲步、乃至上馬之後，讓馬站立著不動，其標準的要求，也是乘騎者坐在馬背上，自自然然而形成的踩鐙動作，必然是只踩到前腳掌或腳尖部份。這樣，腳跟下壓，兩膝纔夾緊了馬腹。有了穩固的騎坐，不怕馬怎樣顛跑，也不至使你晃蕩得失去重心。更重要的作用是，防馬行途中突然受驚而狂奔，或是因什麼緣故牠發了脾氣，不聽乘騎者的駕馭，你必須迅速從馬背跳下來，都只要兩腳輕輕一點，就可躍然而下，脫離了危險。否則，你不容易脫離馬背，因爲兩腳踩滿了鐙，如果不幸而摔下，那更糟了，你會被倒拖在地下，更使馬受驚狂奔，乘騎者很可能會給拖滾而死。此所以，在北方，不論軍民，凡初學騎乘，教的人總首先提示這個要領。初初騎馬者，因騎坐無力，馬一跑動，騎者的腳就不免踩滿了鐙，但總必儘快練習，早早改正這種錯誤姿勢，以求安全。

可是，觀賞古代名畫，不論寫意或工筆，凡有鞍馬的畫面，騎乘者是武人也罷，文士也罷，馬在慢步或急行，卻多半是踩滿了鐙。這豈能不是畫筆的錯誤？許多名畫，都有這樣敗筆。也許並非敗筆罷？因爲古代名畫，都已領有了盡善盡美的評價。如有錯誤，前人不會不發現罷？我的質疑，又未免猶豫了。

現在，且從懷疑上來討論。例如故宮博物院紀念 國父百年誕辰所展出一百零五幅唐宋以下的名畫中有兩幅鞍馬畫面：

唐人　　　春郊遊騎圖

五代、趙喦　　　八達春遊圖

前一幅，七人乘馬，後一幅，八人乘馬，都是踩的滿鐙，也即是說，把腳板心擱在鐙上。這樣，看來似乎較美，小腿直垂，現得似有精神些。

前已說過，我這發現，並非從看到這兩幅畫時開始，自從產生疑問之後，也曾請教畫界的朋友。只是，自己究竟於繪事外行，不敢形諸文字。以前引起疑問的那些畫卷，也就未加記述了。

民國五十五年十二月三十日，獨往外雙溪故宮博物院，一進門，就遇到李霖燦兄。我說：「這可好，今天一定得請你引導，爲我講解一番。」過去，我好幾次來，有時他忙，有時他出國了，逢不上這樣機會。雖然，各個展覽室，都有扼要的文字說明標示，而也可詢問管理人員，得到指點。譬如去年我走在明代瓷器的寶藏之前，請他們說出那些瓷器的特點，聽受之下，我就很滿意。當然，那怎能比得上專家李霖燦兄的淵博哩。

我倆在畫廊漫步觀賞，由他隨意解說，唐宋元明清的名家和畫工的畫，人物、花卉、山水、卷、軸、册、大畫面、小畫面，皆有。聽他解說其筆法、意境、特色，我也提出一些外行意見請益，約莫看了二十幾幅，眞是受惠極了。

我想到踩滿鐙的疑問，向他請教。他說：「嗯，這個發現很重要。不過我想唐代的畫不會有此情形，因爲唐代人對馬事研究很精，可能是後來的文士或畫工疏忽了這一點。我從前在西北乘馬踩滿了鐙，就曾摔過一次，好危險啦！」

因不打算多佔他時間，我未再往下談，詳詢他摔馬情形。在這中華文物寶藏的藝術之宮裏，我們所談者，全爲藝文之事。而這天所看展品中，少有鞍馬畫面，有幾幅清人作品，我們又沒有太去注意。

這樣，我纔決定作一番小小考證。儘管我繪事外行，對於馬術也並未受過科班訓練，但是自從民國十七年在河南密縣初次乘馬起始——我那時毫無騎坐功夫，馬一起跑，就踩了滿鐙，右手抓緊了轠繩，左手扶了鞍的後部，狼狽得出盡洋相，也把旁人急壞，只要我一摔下，不死即傷——以迄三十七年離開大陸，騎乘軍中受過了調教的馬，這樁事，我確乎保有二十年的長期經驗，憑此經驗以提出這個疑問，應非信口開合。

近人，吳興、金紹城，幼嗜丹青，山水花鳥無一不能。及長，留學英國，自修之餘，仍習畫如故。於民國九年，曾創中國畫學研究會。著有「藕廬詩草」及「北樓論畫」等書。他的「畫學講義」，有一段說：

「世界動物之屬，於麟鳳蛟龍不經見者外，舉凡今所能見者，毛羽色澤，嘴臉眼緣，今不異古，觀察標本，按圖索驥，宜若易然。殊不知此乃皮相，而飛鳥宿食，一禽有一禽之姿態，一獸有一獸之形狀，靜觀細察，各不相同。昔黃筌畫飛鳥，頸足皆展，或告之飛鳥縮頸則展足，縮足則展頸，無兩展者，驗之信然。（見輟耕錄）又馬正惠嘗得鬥水牛一軸，云厲歸眞眞跡，甚愛之。一日展曝於書室之外，有輸租莊客立於階下，凝視久之，旣而竊哂。公見之，呼問曰：「吾藏畫，農夫安得觀而笑之？有說則可，無說則罪。」莊客曰：「某非知畫者，但識眞牛，其鬥也。尾夾於髀間，雖壯夫膂力，不可少開。此畫牛尾舉起，所以笑其失眞。」（見郭若虛所著圖畫見聞誌）由是觀之，觀物不審者，差謬之處，在所難免，一有謬處，丹青雖佳，終非完璧。吾故曰：繪事之難，當推人物爲最，次則動物，質諸當世研究畫學者，以爲然否？」

金氏所指莊客指出鬥水牛名畫的錯誤，是畫家們所熟知的掌故。不過我們口頭講說，多把這掌故說作是牧童指出這項錯誤。蘇軾「志林」卷九：「蜀中有杜處士，好書畫，所寶以百致。有戴嵩牛一軸，尤所愛，錦囊玉軸。一日曝書畫，有一牧童見之，拊掌大笑曰：此畫鬥牛也，牛鬥力在角，尾搐入兩股間，今乃掉尾而鬥，謬矣。處士笑而然之。古語云：耕當問奴，織當問婢，不可改也。」牧童於繪事自屬無知，但對牛的生活、習性、情態，有深刻了解。現在，咱們就做一個牧童罷。

「故宮名畫三百種」，是一部極名貴的書，民國四十八年五月初版，僅僅印了一千五百部，每部定價新臺幣五千四百元。王世杰的導言說：

清宮所收名畫精品之現存於臺中兩院（壽堂按，指國立故宮博物院和國立中央博物院）者，爲數一千三百餘件。此三百種，係更就此一千三百餘件精品而遴選者，故可目爲現存清宮名畫之最精品。

譬如前面我提到的兩幅鞍馬名畫：

唐人　　　春郊遊騎圖

五代、趙嵒　　八達春遊圖

此書就只收入了趙嵒的，而把前者除開。此「名畫三百種」之中，鞍馬踩鐙的描繪，看到有問題的是：

一七　唐　韋偃　　雙騎圖

設色畫。人馬各二，雙騎奔馳之狀，人馬神氣充足。兩騎者，前挺其腰，後坐其臀，圖面顯示其右腳，皆踩滿鐙。

三〇 唐 胡瓌 回獵圖

設色畫。繪三騎獵罷方歸之景。馬緩行，踩鐙較深，尤以圖面左邊顯示那騎者的背相，他兩腳腳尖大蹺，都踩鐙踩得很滿。

三五 唐人 明皇幸蜀圖

設色畫。圖右下角，爲明皇，乘棕色馬，乍見小橋，馬驚不進，明皇左腳踩的滿鐙。畫面上還有十人乘馬，踩鐙情態，看不眞切。

五三 五代 八達春遊圖即趙嵒作品

設色畫。八人縱馬郊遊，馬在小跑，中間第五人正加鞭，皆踩的滿鐙。

八五 北宋 李公麟 免胄圖

白描畫。郭子儀涇陽免胄見回紇故事。圖面上，約三十餘人，盔甲乘馬，或立或奔馳，凡在馬上者，皆踩的滿鐙。書册上的說明，謂李公麟：「又留意畫馬，每欲畫，常先觀群馬以識其變態。」那麼，他是否少有觀察鞍馬情態？自身是否缺乏騎馬的經驗？不敢貿然論定。

按說，我國古人作圖，是很寫實的。如：

一一六 南宋 陳居中 文姬歸漢圖

畫面上，顯示一駱駝，十一乘馬，馬身上皆搭有背褡，以見遠行之態，非是郊遊輕騎，不必帶行李也。

一五八 元 劉貫道 元世祖行獵圖

設色畫。世祖及男女從者九人，都乘馬。馬的姿勢，或立或行，或昂首，或低降其頸項，乘者皆踩的滿鐙。

中央研究院還有些特藏的畫册，使我這小小考證，更看到如下的情態。

五代 趙幹 江行初雪圖

一文士乘馬，踩的滿鐙。

宋 趙佶 摹張萱虢國夫人遊春圖卷

侍從男士，乘馬緩行，皆踩滿鐙。

宋 宮素然 明妃出塞圖卷

人物多乘馬，都踩的滿鐙。

元 顏輝 鍾馗出獵圖卷

鍾馗騎驢，也踩的滿鐙。

明 商喜 明宣宗行樂圖

君臣，侍衛武士，乘馬者約三十人，多踩滿鐙，小部份騎乘者踩到前腳掌的三分之一處。商喜這幅圖，可引起我們考證的趣味來了。古人畫鞍馬，其踩鐙的部位，是否也有描繪到正確情態的呢？有的。除了他這幅畫，小部份畫面如此，還有：

晉　顧愷之　洛神賦圖

這眞是一幅偉大的圖卷，顧愷之按曹植「洛神賦」的全部文句，設色繪製。我所看到的部份，是此賦八百六十九字，最末兩句詞意的繪畫：「攬騑轡而抗策，悵盤桓而不能去」，圖面顯示三從者乘馬護隨車駕，他們踩鐙皆在前腳掌。

元　無名氏　禮聘圖

畫的高麗、西域、天竺等外邦使節來中國禮聘情形。乘馬者二十九人，大都踩鐙爲前腳掌三分之一處。從筆致上看來，這位畫家或者他跟蒙古人士常打交道而精於馬術，也或許非爲中土人士，所以沒有他同代人劉貫道、顏輝的敗筆——說到這裏，不免引起一個推想：元代於馬事的精到，自必超越乎唐宋，那怎能容許劉貫道「元世祖行獵圖」的敗筆呢？清代也精騎射，宮廷鑒賞家，應不會忽略這一點罷。中央研究院特藏畫冊中，看到一幅清人的鞍馬，也還是有此敗筆：

清　高其佩　出獵圖。

指頭畫。乘馬是踩滿鐙的。

臺灣省立博物館經常展出的兩幅清人繪畫，關乎鞍馬踩鐙的繪事，可謂一正一誤。

林天木臺灣巡視圖卷

民國五十六年三月十七日那天，我所看到此畫卷展開的部份，畫面顯示，乘騎者十三人，腳掌三分之一踩鐙。

林爽文抗清戰事圖。

這幅畫，懸於壁間，乍看來，像壁畫，採有清末西洋畫的筆調，畫面高約一公尺，寬約一公尺半，顯示清軍乘馬官兵約在二百之數，皆踩的滿鐙。

中國畫鞍馬踩鐙的敗筆，也影響到日本畫。從昭和三年（一九二八）平凡社出版的三十六巨册「世界美術全集」，可以看到這種情形：

後三年合戰繪詞　第十六册

是日本足利初期的繪畫，三武士乘馬，畫面顯示出一人右腳踩滿鐙。

曾我蕭白　黃石公張良圖第二十五册

德川中期作品。黃石公赤足乘馬，踩的滿鐙，馬作奔騰之狀。

荒木如元　狩圖　第二十八册

德川時代，天保、萬延年間作品。戴禮帽穿洋服的紳士，斜揹來復槍，郊野行獵，乘馬者八，徒步者十二，牽馬者二，畫面上最近者爲二乘騎，一站立，一慢步，皆踩了滿鐙。

更後些年代的畫，也仍然如此。

福田惠一　使命　第三十五册

畫面上有六七十人，乘馬者皆踩滿鐙。

服部有恆　大塔宮　第三十五册

一顯者乘馬，畫面顯示其左腳面，也踩滿鐙。

中央研究院特藏的畫册，還有兩部珍本書：「中國版畫史圖錄」，「中國古代版畫叢刊」。惟前者，其所藏不全。從這兩部大書，所見的版畫，畫面大都約二十五公分高，十五公分寬，也有寬到三十多公分的。這些版畫所顯示出的畫筆，皆有相當清晰。有趣的是，這些唐宋以來的版畫，關乎鞍馬踩鐙的描繪現出了四種情態：

踩滿鐙

踩腳前掌

踩腳尖

腳後跟踩鐙

甲、先說踩滿鐙的例子：

三戰呂布

「三國志平話」插圖，收入「唐宋元版畫集」。關羽、張飛乘馬皆踩滿鐙，呂布敗陣，跨馬欲逃，回身刺槍，腳踩滿鐙，就更見彆扭了。

聖蹟圖

明、正統九年刊本。有兩圖面：

1. 衛靈公與夫人同車，使孔子爲次乘。隨侍君王的人員，乘馬者二，皆踩滿鐙。
2. 孔子厄陳蔡絕糧，圍者將士乘馬皆踩滿鐙。

明、正德間刊本。卷十一、火攻的「火兵」圖，火兵執火種乘馬奔馳，踩滿鐙。

忠義水滸傳插圖

明，萬曆間刊本。有三幅畫見出這種情態：

1. 青面獸北京鬥武　兩將對殺，馬更是急劇的打轉，皆踩滿鐙。

2. 宋江大破連環馬，圖中央執雙鞭的武將，乘馬踩滿鐙。

3. 高俅出征　護衛將士皆踩滿鐙。

西廂記

收入「萬曆版畫集」上。二將對陣，有鬚執大刀者從馬上抓挾對方，奔己陣，畫面顯示，他右腳踩了滿鐙。

奮追元濟

「裴度香山還帶記」插圖之一，編爲「中國版畫史圖錄」第四册——「金陵所鐫畫集」，萬曆至崇禎年間刊本。武將乘馬奔馳，腳踩滿鐙。

琵琶記

上書第八册，收萬曆中葉至崇禎末微派版畫家作品。此幅寫「曲澗小橋邊，梅花照眼鮮」之意，一士子乘馬前導，一捧琴書僮隨行，坐有麗人的馬車殿後。士子乘馬，就更顯見其踩滿鐙了。

艷異圖

收入「明清之際版畫集下」，昭君出塞故事，兩番人騎馬前行，皆踩滿鐙。

飛鴉助陣

「廣義渠從軍記」插圖之一，收入「嘉道以來版畫集」。兩軍對陣，將校九人乘馬，踩鐙的繪事不過示意而已，皆踩滿鐙。步卒二十七人。

秋思漁家傲

寫「千嶂裏，長煙落日孤城閉」詞意，三乘馬將士，一人外顯於畫面，他踩的滿鐙。收入「中國版畫史圖錄」第二十一冊，「詩餘畫譜下」。

乙、踩腳前掌的

伯溫計破陳友諒

「皇明開運輯略武功世英烈傳」播圖之一，兩將乘馬對陣，皆踩鐙在腳前掌，也即是腳板的三分之一處。

江右平寇

「列仙降凡傳」插圖之一，收入「中國版畫史圖錄」第二十三冊「萬曆版畫集上」，將軍乘馬，腳踩鐙在三分之一處。

丙、踩腳尖的

義烈記

書頁中縫有「環翠堂樂府」字樣，畫面都無文字說明，收入「中國版畫史圖錄」第四冊

「金陵所鐫畫集」，爲萬曆至崇禎年間作品，有三幅版畫：

*1.*一顯者，在傘蓋下乘馬緩行，腳尖踩鐙。卷下頁一一

*2.*似爲皇帝乘馬，從者六人，馬緩行，也腳尖踩鐙。卷下頁四四

*3.*車內坐一老婦與一少婦，一士子乘馬在車左側，他右手執馬鞭，腳尖踩鐙。卷下頁四三

按，腳尖踩鐙，是乘馬最舒適的神貌。我自己就有這種經驗，抗戰第二年春天，河北敵後行軍作戰，有兩個月時間，幾乎天天生活在馬背上，每當長途勞頓之中，馬行舒緩下來，又不必下馬（騎兵行進，常有下馬徒步，牽馬而行，人馬都作蹓躂姿態，以爲休息），這時候，我最喜歡只讓腳尖有意無意的踩著鐙。

丁、腳後跟踩鐙的

三寶太監下西洋記

羅懋登撰，此書多敘金戈鐵馬之事，怪異百出，幻變無窮，作圖者要大費經營。插圖之一的「張狼牙餓斬神姑」，將軍乘黑馬，雙手執狼牙棒，腳後跟踩鐙。

皇明開運輯略武功名世英烈傳

簡稱「英烈傳」，其「廖永忠刺死沙不丁」的插圖，廖騎馬是腳後跟踩鐙的。

這兩幅版畫，都爲萬曆至崇禎間的作品。

按，乘馬用腳後跟踩鐙的姿勢，不太多見。據高克明兄說，他在軍校七期炮科，受馬術教練的時候，乘馬的工夫，已經有相當基礎之後，曾經這樣替換腳力的踩著玩過，這並非制

式的踩鐙法。

更有趣的是，在一幅版畫上，鞍馬踩鐙的描繪，同時有兩三種不同姿勢的刻畫。

英烈傳

「陳也仙泗州敗走」的揷圖，三武將騎馬相鬥，馬在奔跑，其一、踩滿鐙；一執矛者，踩腳尖；而另一執長槍者，用腳後跟踩鐙。

三寶太監下西洋記

「元帥兵阻紅羅山」的揷圖，有鬚將軍乘花馬，腳前掌踩鐙；青年將軍乘白馬，卻是腳後跟踩鐙。

上舉畫面的四種踩鐙，踩滿鐙應是敗筆，踩腳前掌纔是正確的，踩腳尖可以偶一爲之，腳後跟踩鐙則必有所本。不過這最後一種姿勢，只見於版畫上，說它是「民間的俗態」罷。關於甲乙姿勢的正誤，我向黃君璧先生請教時，他連稱那些屬於甲的畫面：「外行，外行！」又曾向查顯琳老弟請教，他是北方人，軍校炮科學生，任炮兵部隊長有年（雖然近十幾年來，我國炮兵已不用騾馬馱載了），他說：

1. 從前他騎馬踩滿鐙，曾經摔過。

2. 踩前腳掌的騎坐姿勢，中國騎兵操典的這種規定，乃承襲於日本陸軍，但日本這種乘馬姿勢，實由於古代從中國學去。

3. 現在的美國騎兵是踩滿鐙的。

我再函顯琳討論。據答，他經向同學中善騎者請教結果，歐洲與美國騎馬，均踩滿鐙或前腳掌，以舒服而合乎自己習慣爲準則，不作硬性規定。電影上西部武打片，諸草莽英雄之類均若是，蓋未受制式訓練故也。因求兩腿膝蓋平行，而自然貼合馬前腿部，至於落馬脫鐙踢鐙一節，現時騎馬者，甚少有此顧慮。

高克明兄還告訴我一種看法。當年馬術教官提示他們說：「你們如今練習乘馬，是雙手執轡，學會之後，也總還是有一隻手要執轡。那像古代武士，戰場廝殺，或是跑馬射箭比武，人在馬上，兩手要拿武器，沒法子執轡，全靠兩腿的騎坐，指使戰馬的進退。」克明兄因而推斷，這樣子，武士的乘馬，因其全身力量都用在揮動武器，拚命廝殺上，自然就踩滿鐙了。

「那要遇到摔馬，怎麼辦呢？」我的疑問。

「馬術到了這種工夫，就不會有摔下的事了。」克明兄答。

我把以上這種說法與黃公偉兄討論，公偉爲河北定縣人，他有北方民間乘馬的豐富經驗。他不以武士乘戰馬踩滿鐙的說法爲然，他說乘快馬是不可踩滿鐙的。

陸軍官校翻印的「馬術教範」，第二十四，乘馬姿勢之標準：

足則保持自然之方向，但其踵務須低下。用鐙時，由足尖穿入鐙內，約足長三分之一處，踏於鐙板上。（民四十一年八月版）

這說得明白，要踩前腳掌，但是，教範上所附的插圖，那繪圖的人不注意，都繪錯了，是踩的滿鐙，踩到腳板心上。如圖二，乘馬姿勢——上馬坐定，圖三，收縮姿勢之快步（縮短快步）；圖二十一，伸長快步（我從前叫這種步度爲輕快步）；圖三十二、三十三、三十四，障礙超越。何以繪錯的呢？原因當不出：

*1.*圖面很小，簡單幾筆，在方寸之間，不過草草示意而已。

*2.*也是因爲，畫鞍馬，筆致上極容易犯的錯誤。

這種軍中制式教練的書本，必然經過騎兵監的審定，不知何故，會疏於注意到圖解的？目前在臺北的國軍歷史文物館，一進大門，迎面就看到一幅大油畫，高約二公尺半，寬約三公尺，是梁中銘所繪：蔣總統著戎裝，騎白馬，校閱部隊，那踩鐙就是合於制式要求，踩腳前掌。可料想，梁氏作此畫，必然經過了精密的設計，因爲這種畫面，並非即興之作。那麼，往代的一些名畫，尤其是唐人的「明皇幸蜀圖」，劉貫道的「元世祖行獵圖」，商喜的「明宣宗行獵圖」，豈有隨便下筆的道理？我疑心鞍馬踩滿鐙的往代名畫，乃係敗筆，究竟是否？在沒有就更充分的資料考證之前，自不可貿然斷定。自己於繪事既爲門外，只要提出這問題來，就無用多饒舌了。再往下討論，應該是專家的事。我的這塊磚，抛到這兒爲止，也就是說，我不打算參加這個問題的討論。

上文寫竟，擱置經月，偶一思及，中心疑問，仍感翻騰不已，因寄請梁中銘兄請教。他跟又銘兄，都賜讀過了。經約定時間，特往他畫室作半日談。

關於馬事的經驗，民國十八、九年在南京，他弟兄倆曾從德國騎術教官學習。乘騎的要領，與我前在大陸所理解者相同。不過，曾發生這麼一段挿曲，我國一位查馬長，要考考那騎術教官的本領，牽出一匹烈馬要他騎，對方毫不遲疑的答允，但只要人取他自己專用的鞍具來。他上馬之後，那馬就顯得力勁奔騰，大家都爲他捏一把汗。乃至放韁急馳而去，果然給摔下了馬，但並未發生「拖鐙」的慘事。原來他這鞍具與鐙條之間有一活扣，不知怎麼踢鐙一下，那鐙條和鐙子，就脫離馬鞍了。

我的猜測果然不錯。中銘兄繪製這幅蔣總統乘馬大油畫時，除了他自身乘騎的經驗，他還特別請教擅長騎術的人士，又蒐集了許多近人騎馬的圖片，以及蔣總統歷年乘馬姿勢的照片；經我看到的，**約有四百幅**。還有，他就馬在站立、行走、止步的姿態，加以分解動作的解剖描畫，作了**好幾十幅構圖**。

從中銘兄這許多鞍馬踩鐙豐富資料上顯示：

一、近代英皇父子、德皇、日皇的乘馬，無論漫步，跑步，皆踩的前腳掌。德國、日本、法國騎兵的乘馬姿勢，也是如此，特見其姿勢挺拔，精神奕奕。皇帝們乘馬的鞍具，都是使用雙韁，因而有兩個銜口，兩銜口一勒壓，再怎樣烈性的馬，都得乖乖就範；況且，看他們的騎坐姿勢，那是經過了嚴格訓練，所以纔顯得十分標準。而他們所踩的鐙，那半月形都很寬大，馬奔跑時，偶而腳力不濟，滑進了滿鐙，要脫掉，並不困難。

二、所有打馬球的，人在馬上常須左右兩邊彎下腰打球，他們每一個人都是踩滿鐙。

三、賽馬師是踩滿鐙的。但那鐙條比普通的要短五分之二，騎師當急馳中所以常是臀部離空，上身前俯，幾與馬身相平。

四、哈薩克的人騎馬，有時的踩滿鐙的，那是他鐙子特大。

五、日本、菊池武保所輯的「前賢故實」，有好多古代日本乘馬的繪圖，多有踩滿鐙的。但那鐙子與我們常見的不同，乃如套鞋的前半部，前頭並不空，這樣，腳踏進去，一定要踩滿，而退出腳來，也無甚窒礙。

如此說來，我的疑問，是否為多餘呢？然而，不管怎樣，凡是繪畫以及美國電影西部片子中乘馬踩滿鐙的，在我眼中看來，總覺其不美。否則，蔣總統的乘馬畫相，以及英皇父子、德皇、日皇，他們皇家的乘馬姿勢，就不必定要拘拘如此了。

載民國五十六年六月二十三至二十六日，「中央日報」副刊

附記　寫此長文，雖非意料所及。其前、其後，壽堂難為此論證也。畫壇賢明君子，其信然乎？

民國九十六年九月七日

龐禕的畫

民國六十一年，歲暮，忙年中的閒步，臺北新公園、博物館，觀龐禕畫展。

這位畫家的作品，既飄逸，又厚重。例如「橋」和「春暉」。不忘從世俗瑣事，提取具有啓發性的畫意。如「冷暖自知」，畫面上，似乎是個賣鹽茶雞蛋的小販。

「羈絆」，好些男男女女，無可奈何的，給阻滯在那兒，他每人意念皆馳向遠方。虛筆的大鵬鳥，成爲背後的襯托，又好似天上飄雲。

「中外古今」，人們躑躅路途，都被時代巨流甩在一傍。

總之，她的畫，特見曲盡其意的思考。風格獨特，卻極爲觀衆樂意接受。所展出的畫，幾幅幅都引人進入深一層的境界。所謂深一層者，指的不僅描繪事物形象之美，而更在思想上啓發人，這實在是難能可貴。如若她肯發表「畫本事」，把每幅畫的下筆動機、創作過程、構圖著眼，風格主旨說說，必可證實我這番觀察。

隔了好幾年，又在　國父紀念館看到一次龐禕畫展。都是些象徵手法的新作品。左看右看，也看不出道理。據說在國外很獲好評。只怪我太俗氣，縱然是作者繪事藝術進步了，但沒有一幅作品能令我接受。我想，這是自己太缺乏了時代的美感。但也或許，這是一種

「變」，作者心態正處於搖蕩之中。一如二十多年前，有位初初出現，文壇競相傳告，共認其詩作清新，深可愛美。誰知五六年後，他作風轉變，求取創化，落得晦澀生硬，他自己沾沾自喜，卻引起大家「可惜可惜」的感歎。畢竟這只是一種蛻變，詩人經過了這一陣迷惘、掙扎、探索、明辨、超拔的過經之後，他終於振奮而起，回歸自我。此後的這十多年，他一直穩定前進，作品的量與質，都超乎前此時期。但願龐禕繪事的蛻變時期已過。

本來，藝文追求，欲求精益求精，都必然免不了此過渡階段。

載民國六十九年十月「中華文藝」一一六期

歲朝看畫

國立歷史博物館的成立，起初幾年，由於鄰近，每天上下班，既爲必經，閒暇散步，一晃就到了。其時，它收藏貧乏，館舍簡陋，與現在之崇樓宏閣，典藏豐富，不可同日而語。當然，距國家博物館的標準還遠。後來，遷居臺北市東區，隔不了幾月，也必因其種種特題展覽，前往參觀。這十六年來，每年特走這一帶，跟齊鐵老、夏承楹、方思鐸兄、林宜生老弟拜年，我一定繞到歷史博物館，留連一兩小時方走。

齊鐵老去秋故世。幾位老友的高堂，也早仙逝，不用去拜年叩頭了。向老伯母們叩頭，我的心意，正如同向自己亡親叩頭。於是，這兩三年，初一二，就不忙著拜年，只在初三這天，才去不多的人家回拜。也是好幾位老友，都遷往郊區。

民國六十七年正月初二，陽光滿照，如江漢四月天，我特意專程走訪歷史博物館。兩小時觀覽，四層樓每一處皆看到了。特喜那面臨植物園荷池的茶座，每一層我皆走過去，憑欄遠眺，滿園蒼翠，臺北群山好嫵媚。三十年寶島生涯，說不盡前塵後影，交聚心頭，再也揮之不去。

先看當代名家午年畫馬的應景作。李其茂鄉土味濃，野馬迎風長嘯，狂步奔騰。黃君璧大師擬黃幹筆法，跋語謙虛，令人可敬。粱丹美姊妹，光大先人遺澤，把鼎銘先生一生喜愛戰馬的雄風，從容舒揚於筆下。程澤懋老弟遠處高雄，也有作品應展，每嘗念及，總怕他燕爾新婚，繪事荒蕪。按說，情愛激勵，只有使藝術家的創造，越發光彩照人。

自己雖不能如林語堂先生晚年的「文人畫」，也來上幾筆馬的寫意。在軍中跟這「無言戰士」，倒是有二十年的交誼，自民國十七年到三十六年，都不斷有騎乘。尤其是青年時代，五年服役東北軍的騎兵師（是全國武器裝備最精良的兩個騎兵師之一），三千多匹年輕強壯的蒙古馬，一體棗紅色，驃肥毛亮，胸張足長，全調教得乖好規矩，勇敢善戰。抗戰既起，馳驅河北、山東、河南大平原上，每爲大兵團挺進的前鋒；但也慢步趑趄的，侷促在太行山清漳河河谷地區，過了一個嚴寒的冬天。

宋代夏珪「溪山無盡圖」，張大千跋：「人間至寶第一無上希有」。在此七十多尺長卷前，細細欣賞，使我好懷念起小妹、么弟來。民國三十年正月初四，他倆都不太大，還有魏國炳侄，也才十五六歲，我們四人踏雪遊終南山，上送燈臺，往前展望，秦嶺山脈的「萬里終南山」（陝西諺語），峰巒起伏，谿谷幽遠，不也正是溪山無盡麼。下到塔寺溝（以隋唐建築的石塔出名），一處山脊，雪凝坡滑，好險的呀。事後，每感耿耿。

朱銘木刻，其繫人心處，他在任何一塊奇形怪狀的木頭上，意到刀隨的彫刻。宇宙人生，但凡心會所至，任情塑造。題材拈取，手法表現，兩皆出人意表。本館藏他的作品，似未超過二十件，因體積大小不一，未集中陳列。這次引我喜悅的，是兩件小品：「植」，「小媽祖」。另座「魯智深」，正是那「醉打山門」的憨豪。

慈仁居士鄧龔雲章，老人家七十九歲的剪繪藝事，可稱當代一絕。從前，女人們少有不會剪紙花樣，以爲刺繡藍本。用紅紙剪吉祥圖案——人物、鳥獸、花卉，張貼爲大年下的窗飾，也是神前供品上的裝飾。辦婚事，過嫁妝，以及一應喜慶佳日送禮品，都有這種閨中心手雙巧的藝品，値得賞玩，這美感的領受，每每超過了實體事物。這位老人家的「雲中煤馱」，描畫她童年鄉土印象，山西大同馱運煤炭的小毛驢。跟年輕朱銘的木刻一樣，也是宇宙人生，隨意剪繪之。她的標題也出色，如「鼎姿」——一馬昂首挺立，一馬向前跑，一馬傾頭肩狂奔。黛玉葬花，寶玉見之，題作「紅樓二玉」。「清代巡春圖」，記州縣官牽春牛「迎春」、「打春」禮俗。好幾幅羅漢尊者，皆特標明「恭繪」，見虔誠意念。

看到一幅大人物畫，是北宋「仿吳道子鍾馗圖」，顧祝同將軍捐與歷史博物館的。以目測之，約高二丈七八，寬一丈二三，繪像比常人高三分之一。適姚夢谷教授來前，略說其藝術之精。看那衣帶，繞纏腰間，爲風吹起，攬捲飄逸，繪事上毫無疏忽失筆之處，若是寫意，豈非一筆帶過麼。揣摩這兩條好長好長的衣帶，綠的寬約一尺，黃的寬約五六寸。左腰還掛有捉鬼的鐵鍊。

就我外行人看，吳道子的畫，是寺廟壁畫的特色，畫幅高大，都有爲風力鼓舞生動的姿彩。抗戰前兩年，駐軍河北曲陽，城內祀竇建德的竇王殿，大殿壁畫，描繪的神鬼故事，當地人都說是吳道子手筆，高逾三丈，橫寬倍之。現在想來，恐也是後世仿筆，因那大殿看不出是千年的建築體。

明末四僧、漸江、石谿、八大山人、石濤書畫展品前，擠滿觀衆，這是要得有識家指點，方能明其美之所在。如更得史學家指陳明清之季歷史背景，了然這幾位大藝術家造境的苦澀、悲愴感。

以新臺幣三十元，買彩色精印的溥心畬名畫兩套，每套十幅。山水、人物、花鳥皆有。二十多年前，曾去臨沂街溥府拜望他兩次。我最喜愛他的書法，卻一直難欣賞他的畫，以爲筆致失之纖細，這種外行人的謬誤，近兩年方有改變。

高拜石「古春風樓瑣記」十四集「西山逸士溥儒大師」說：「他先有深湛的文學素養，再飽覽了前人名蹟，所以很容易地予以吸收消化，所以他一下筆，就能夠參透天機，逸氣橫溢，不少神品、逸品之作。說起中國書畫，自來都是認爲神之逸，初皆先存乎其爲人，而後表現於藝事。」江兆申「雙谿讀畫隨筆」，以門弟子的仰愛，評論他的藝術生活說：「先生在作畫時，神態極其閒靜。平時對客揮毫，怡然談笑，欲樹即樹，欲石即石，大抵逸筆草草。若賓座無人，凝神捉筆，如作小楷書，井井然不知有外物。每一畫成，另取他幅，積成多紙，再加染色。客在如以畫爲戲，客去如以畫爲寄，故飛動者如幽燕猛士，靜好者似深閨弱女。而一種孤高雅澹之韻，往往出乎筆墨之外。由於通常盤膝而坐，故作品以中小幅爲多。」白鐵錚「馬年談畫馬名家」評他：「榜書行楷，剛健秀潤。畫以雅淡爲宗，清逸出塵，山水花鳥人物，無不精雋。」從這二十幅明信片縮印的作品上看，正是十分切合白氏所美稱。白教授民國十八年就讀北平大學藝術學院，曾為溥大師的學生。

行家們雖然指出，如今彩色印刷，再精密細緻，影象入微，總較原品為差。可是，就藝術欣賞、收藏的普及說，咱們太應感謝現代的彩色照相與彩色印刷的功能，要不然，怎能人人都把大師們的作品，揣在口袋裏，隨時欣賞呢。

載民國六十七年六月「文壇」二一六期

王克武的民俗畫

參觀王克武老弟首屆的中國民俗專題畫展，是以國畫、剪紙、鋼筆、淡彩的型式來顯現。十部份作品：中國民間文學，漢代樂府歌辭，中國戲曲，中華民族舞蹈，中國古今民間百戲，中國神話傳說與民譚，中國婦女服飾漫筆，歲華紀勝，十二月令圖，大豐年舞。我獨對「中國神話傳說與民譚」剪紙作品中的兩幅：「戒之在色」（豬八戒與蜘蛛精的故事），「白衣觀音」，感到愛美，覺其創意、構圖、線條，皆臻上乘，雕刻刀法不易。據說，劉獅兄也愛上了這兩幅小作品。

王氏從前所發表的「蕉窗詞畫」，我於瀏覽書報中，也曾有所讀到。他是位很質樸勤勉的學人，不放撒出那種藝術家的調調兒。這也許與他籍隸山東文登有關係，雖然他一派清瘦，倒像西南省份人士的典型。其實，在文藝創造上，作者及其作品的風格，與本人鄉里環境並無太大關係，主要還在作者的心性，認識與教養爲如何。

在展覽會場上，我並未深思的，向他陳述了這麼點小意見。

1. 以民俗爲繪畫主題的創作者不多。這方面大有可爲。

2. 要把握民間藝術那種笨拙的風格。

3.畫家的筆致，只能收在骨子裏。民俗畫若呈現了一般繪畫的美，那就走樣了。何以說「收在骨子裏」？主要意思是：究竟跟那地攤上的「年畫」作品，境界上有高低之分。

載民國六十四年元月，「中華文藝」八卷五期

這位大畫家的人品、才氣、繪事作爲，具有一個特點，鄉土味重的樸質之美。

民國九十五年四月廿二日記

畫畫書

黎明前的夢，七八個人趕路，行步疲累，手上挾帶了好多東西，丟這樣，忘那樣的——夢總是這樣。後來到了河邊，望見沙洲，渡船悠悠然來去，好高興啊，卻醒了。

就這一醒，勾起兒時印象。

人生之初，對這個世界的了解，是從圖象而起。有那麼幾册大本線裝書，清末石印，畫筆清新，線條明細，是叫「識字實在義」麼，還是什麼別的名色？每一個字，都有圖，附記簡略字義。只因爲自己小時僅偶在屋門口玩玩，山川、花鳥，大自然的光彩，乃是緣於這本書，而一一結識。我一個人，在老屋廂房，跪在椅上，仆身桌面，十分醉心的，閱讀這可愛的書。這書，黑白畫圖，畫面並不連續，不像後來看到的「小朋友」、「兒童世界」，彩色繪圖，印刷精美。這兩種兒童刊物，在我這兒時心靈，更是留下了鮮明的印象。那童話故事（只遺憾盡是西方所傳說的），生活知識描繪——像冬天下雪，開箱取皮衣，戴風帽，圍圍巾，乘雪橇的急馳向平野中央……輕快活潑的境界。好引導、好啓發、好潛移默化的作用。

這廿年來，彩色印刷之精妙利便，比「小朋友」、「兒童世界」那年頭，要大大進步了。但是，偏有不肖書商，粗製濫造的，繪印一些娃娃書，神奇鬼怪，畫面污濁低劣，一看就教人惡心，浪費了整噸整噸低品質的粗紙，毒害了千千萬萬幼小的心靈。更有極少數士君子，財迷心竅，無恥的爲其發行人，居然以倡導兒童文學，自吹自擂。其危害影響，何止於今日大麻煙、鴉片、海洛英之腐蝕西方社會。我主管者雖早有警覺，無如取締不力，甚至還有認此事非當務之急，豈不大錯特錯。

救救孩子呀！這事再不可馬虎放縱了。

載民國六十二年二月中華文藝二十四期

米脂婆姨諺畫及電視描述

中國時報，連年出版繪畫、攝影與實務相關的年曆備忘新春手冊。頭幾年，收錄了臺灣老、中、青三代畫家作品。去年，由於探親開放，推介出大陸老中青三代畫家作品。今年歲屬在馬，以「奔騰手記」名之，更進一步，專輯大陸新生代十二位畫家的作品。山水、人物、花鳥，都吐露出傳統與現代，中西筆致融合，顯露現時代的中國風味。特承余紀忠兄專郵惠贈，好是心存感激。封面題署及群馬奔騰態勢，出之親翁江兆申兄手筆，賞心非常。

由時報周刊作東，上年秋，專人去北京，與人民美術出版社聯繫，邀集南北各地畫家，集會研討，然後共遊長城，文化交流，有聲有色。手册中的繪畫，如此求致，乃凝聚了多少激情感人的境界。

這兒，特說說何家英作品。民國四十六年，他出生於天津海河，天津美術學院畢業。工筆與寫意，手册收他六幅畫：女紅，朦，夏，米脂的婆姨，樹蔭，山地。米脂的婆姨，原畫240×80 公分條幅，與題記：

陝北農人素稱雄健樸厚，而綏德米脂間，尤著典型。近入米脂，知古謠「米脂婆姨綏德漢」之足信。其地婦女，以其淳正之質，表現純樸之美，而新時代精神，遍注陝北厚厚黃土，米脂婆姨雖已改變傳統裝束，但純樸賢良，風韻猶存。新時代北方農家婦女形像，可徵於斯乎。

這幅畫，乙丑（一九八五）年初秋，何氏繪於天津海河。畫面上描繪一位妙齡女郎，坐凳上，俯首做女紅，身上堆著活計。身傍小籮簸箕裏，放有各色用具，花貓在凳上打盹，好閒適自在的。

當地人或外方人初至陝北，都熟悉這條代表性的風土諺語：

陝北四件寶：米脂婆娘綏德漢，清澗石版安邊炭。

或略去首句。米脂婦女膚色光潤膩滑，村婦皆有江南風，臉型美麗，體格更過之。傳說貂蟬即產於是地。老友魏予珍，即曾爲一位米脂少婦迷得失魂落魄，留下了可歌可泣的情史。至於貂蟬究否實有其人？那是只有待史家考證。綏德男性健美，傳說呂布即生於此，這當是民間的附會。史有記載，他是東漢九原，今綏遠五原人。清澗有丈餘周方的石板，安定、定邊兩縣產煤炭。（壽堂編著「中華諺語志」⑩四九一三頁）

何家英所記「婆姨」二字，比壽堂所記婆娘一詞，更見陝北口語神韻。

讓地理風土及其故事傳說的諺語，能有繪畫、攝影、電視動態的顯現，是壽堂這三十多年來的懇切願望。

先是，壽堂爲「中華兒童叢書」編選兒歌「雞兒喔喔啼」，由黃昌惠繪圖，圖以彩色絨布剪貼連綴，間補以畫筆。吳東權主編「新文藝」時，我提供了「中國風土諺語釋說」，聽憑其自由擇用，請張英超繪圖，黑白的，刊出者約三十幅，皆極傳神，惜未竟全功。民六十一年，壽堂於「中華文藝」發表「愛諺漫談」，特請喻仲林彩繪比喻諺語、俏皮話多幅插入。如：

泰山不是壘的。

麻雀雖小，五臟俱全。

武大郎打飛腳——出手不高。

騎驢看唱本——走著瞧。

紅蘿蔔炒辣椒——吃出來，沒有看出來。

可惜只是個好的開始而已。按，民國二十年前後，我國香煙盒中的畫片，就有不少是以諺語為題材的。六十五年十二月版的英文「漢聲雜誌」，曾有孫家驥的記載。「幼獅少年」近八年來，在臺灣地區發行數量高居首位，其內容精美，也為半世紀以來此類刊物之最佳。現代畫家吳昊，每期從壽堂所編「中國兒歌」中，擇繞口令一首，彩筆描繪之。另一件事，正面、負面意義兼而有之。市上購得一本諺語集子，諺句皆胡亂找來，難得的是，每條諺語對照一幅彩色攝影。這自需很高成本，精心調配，才能恰到好處。既然只能按市價發賣，難怪這些畫面只是剪貼、雜湊而來。

深信終必有那麼一天，彩色繪畫、攝影來描述中國諺語。例如，可派出攝影隊，就如電視中「映象之旅」，「天涯若比鄰」，「放眼看天下」一樣，依中國風土諺語的提示，到實地拍攝畫面。昔人早爲詩三百篇留下了一些畫册，記得是在故宮博物院見到。

未來心願。快遊大陸之日，若壽堂還健在，仍能奔勞四方，願得三五青年學子相從，攜錄音機、攝影機、電視採訪設備，並「諺語志」這部大書，爲「中國諺語修學旅行」，薪火相傳，加深探討。縱或難期實現，本人也了無遺憾。有此書在，國家社會當不會漠視壽堂這一生的心力。（見「中華諺語志」「壽堂諺語工作年表」民國七十四年部份）

今讀何家英這位畫家的作品，可以見出風土諺語的繪畫世界，大是可期。一如抗戰前幾年，趙望雲爲天津大公報所畫的華北農村畫面一樣，那些好教人懷念的作品，其畫册之藝術價值與歷史價值，都十分珍貴。民國七十九年元月十二日，臺灣電視公司，「八千里路雲和月」，畫面上呈現出如詩如畫的黃山之美，以及「藥不過樟樹不齊，藥不過樟樹不靈」的藥材市場現況，也見出中國地理風土諺語電視描述的鏡頭，如果主事者更加有意的系列作爲，就全如壽堂多年企求。「中華諺語志」，「地理風土及其故事傳說」篇，有近百萬字論證資料，足供運用。

民國七十九年元月二十一日

北京風情攝影集

民國七十九年全國圖書展覽，照例，年底在臺北市國父紀念館舉行。已辦了七八年。本年共有三百一十八家出版社參加，參展圖書兩萬一千多册。係由臺灣商務印書館籌辦，行政院新聞局樂觀其成。

我每次都往觀覽，走馬看花，每一部門，都要看到。每次耗兩三小時。獨以此次，足足看了四小時，再去百吉自助餐廳午飯，人家快打烊了。

翻翻目錄，看序跋，也看書册的本文。這天經我展閱者，總不下兩三百册。最後，藝術類，頂是吸引了我。攝影，書畫，八開以上的，銅板紙、彩色精印的厚册，煌煌巨製。第一，個人買不起。第二，圖書館縱有典藏，莫不視爲珍品，不易取閱得到，乃流連久了。

北京王氏弟兄，文泉、文波、文瀾、文揚，年約三十多，酷愛攝影，學養好，品味高，懂得從尋常事物題材，尋求其高超意境。表現在橫寬畫册的「北京風情」上。書由臺北淑馨出版社，現代出版社，民國七十九年二月，分在臺北與北京出版社出版。大陸本，是用簡體字排印的。

大陸上人材多，而且，教授、學者、詩人、作家、藝術家、音樂家們，通比臺灣高所得的這類同道，要勤力、作爲得紮實。儘管物價低，書册的出版，卻大非易事。難通過的，乃是出版前層層審查的關卡。純民間性的印刷、出版業，幾乎是不存在，不像在臺灣，只要付得起印刷費，印什麼書册，如何印刷以及迅速交貨，都非問題。好令大陸上想出書、好出書的人羨慕多多。

且說這本「北京風情」，彩色、黑白攝影，主題皆屬尋常事物，似出於無心的拍攝，都是很偶然遭遇到的情況。其實，這四昆仲，自有其匠心經營。好教我想起，民國二十三四年之際，天津大公報的地方版，經常刊出不定期的趙望雲農村寫生，大都以冀中平原地帶爲背景，樸質的線條，勾畫出中國農村的面貌，黑白畫面刊出，小毛驢呀，撿糞的背簍呀，吸著手煙管的莊稼漢呀，光屁股的小孩呀，麥秋的忙碌呀，等等。後來，有集結成書，而且趙氏筆致蛻變，有了藝術繪畫的製作，一改前此野樸筆致。「北京風情」，觀其書名，自亦不出乎此。所教我愛美的，乃是它那種妙手自天成的標題，且皆標出年次。若：

北京的微笑　畫面是：一群孩子們張口喜笑，後面站立了一群西洋人，大家也都在笑。一九八六

兒童是最出色的友誼大使　三十多歲的父親，帶著一個小男孩，閒坐公園柵欄處，有一外國青年女性，伸手相牽，相對而笑。　一九八八　此幅標題，最動人的應是「友誼」兩字，「大使」或有誤。當時，我係記在圖書展覽的圖書目錄封面上，記後，未及校對。

雙方都是第一次　街頭上的剃頭挑，男性中年理髮師，爲一坐在椅上的外國中年女子，

繫上了白罩布，作預備理髮姿勢。

車小世界大，報販的自行車，擱在市場，車頭籃架上，如扇面之展開，攤出各樣大報，以廣招徠。這四個標題，之幽默、深刻、別致、風趣，乃是趙望雲那年頭之平舖直述的標題式，不易達到的。

豐子愷漫畫及其標題，深具禪意。「北京風情」攝影及其標題，則雅俗共賞，使讀者生起會心微笑。

壽堂闊別北京，逾半世紀矣。長城作戰到抗戰前夕，我有一年多時光，在北京外圍東西南北的鄉間生活，乃許多老北京人也不曾有過的遭遇。因而，對此書所顯示的老百姓生活，特有親切感。

民國七十九年十二月廿六日

嘯

岳飛「滿江紅」詞，國人所熟唱。這幾句，最教我們感奮無已：

抬望眼，
仰天長嘯，
壯懷激烈。
三十功名塵與土，
八千里路雲和月。

二十多年前，詩人何志浩，有「仰天長嘯集」出版，集結了他眷念家國，壯懷激烈的一些詩篇。他已八十多歲，這三十多個寒暑，晤見時多在會議席上，不管什麼問題，但逢他發言，沒有不十分激情的。

古詩「長歌當哭，遠望當歸」，是傳唱千古的句子。乍看來，長嘯，長歌，豈非二而一之事。

民國四十二年秋，偶讀「嘯旨」，始知嘯乃中國文化所特有，是往昔詩人、文士、豪俠所修爲的一種才情。當然，虎嘯、人猿泰山的長嘯，不可相提併論，卻可作爲旁證。「嘯旨」，明、周履靖輯，收在他所編的「夷門廣牘」。我所看到的，是上海涵芬樓影印，明、萬曆刻本。係從臺灣省圖書館所藏借閱。

「嘯旨」序：「夫氣激於喉中而濁，謂之言；激於舌而清，謂之嘯。言之濁，可以通人事，達性情；嘯之清，可以感鬼神，致不死。」

以言語與嘯對比。其實人類的發聲，還有歌唱（唱歌、唱戲、唱曲），吟詠；更細密的分析說，還有哼，喊叫，吼，叱罵，吹口哨，當然以嘯的音量最大，最有震撼。咆嘯，虎嘯，海嘯。按說，哭聲與笑聲，也當列入。

「夷門廣牘」收書一〇九種，編爲一〇六卷，分屬十三種類：

藝苑　博雅　尊生　書法　畫藪　食品　娛志

雜占　禽獸　草木　招隱　閒適　殤詠

「藝苑」十種，書目是：文章緣起，釋名，詩品，文錄，談藝錄，騷壇秘語，詩源撮要，籟紀，嘯旨，廣易千文。把嘯旨位置在詩文藝事之後，可見當時士林對嘯的重視爲如何。

說嘯「感鬼神，致不死」，自爲一種玄學說法。此書之輯，多依憑於道家。序文說嘯的傳承是：「老君授王母，王母授南極眞人，眞人授廣成子，廣成子授風后，風后授嘯父，嘯父授務光，務光授堯，堯授舜，舜演之爲瑟，與禹。自后湮廢，續有晉太行山仙君孫公獲之，迺得道而去，無所授焉。阮嗣宗得少分，其後湮滅不復聞矣。」這一段說法，所舉人物皆屬神話傳說中的角色，正如俗說孟姜女哭倒長城，竇娥冤而六月大雪，豈能視爲實事。往昔卻儘有書獃子，輕信任何書册的話頭。至說堯舜禹嘯之傳承，更是胡亂依托。

嘯旨描述嘯的情態、意境，有如下舉：

流雲　深谿虎　高柳蟬　空林夜鬼

巫峽猿　下鴻鵠　古木鳶　龍吟

動地　蘇門　劉公命鬼　阮氏逸韻　正　畢

皆各有一些玄妙的描述，但也必有十之一二或許切合事實。於此，不贅述。我也不想作什麼考據。

古今曠放逸蕩的人，常被說作嘯傲山林，陶潛詩有「嘯傲東軒下」的句子。咱們中國人不太能引吭高歌，像音樂家斯義桂那樣，但是漫步山林水涯之間，一時情緒激發，不是誰都會叫嘯一陣子麼。對了，電影扮演的人猿泰山，常以嘯聲，示其胸臆之情；只是，他未必眞能這樣震撼原野，乃由電影藝術音響效果，斯能如此。岳武穆的心境，正是古今同慨。

文獻有關嘯的記載非少，有的正是岳武穆「仰天長嘯」的光景，合乎常情。有的屬神話傳說，或小說家誇張的描寫，並不切合事實。茲略舉一二。

「詩、召南」：「之子歸，不我過，不我過，其嘯也歌。」

「詩、小雅、魚藻之什、白華」：「嘯歌傷懷，念彼碩人。」

「後漢書、向栩傳」：「少爲書生，性卓詭不倫。恒讀老子。狀如學道，又似狂生。不好語言，而喜長嘯。」

「魏略」：「諸葛亮在荆州，以建安初與潁川石廣元、徐元直，汝南孟公威等俱游學，三人務於精熟，而亮獨觀其大略，每晨夜從容，常抱膝長嘯。而謂三人曰：卿三人仕進可至刺史郡守也。三人問其所至，亮但笑而不言。」

以下幾則記事，則屬誇張失實之說。

漢、劉歆「西京雜記」卷四：「東方生善嘯。每一曼聲長嘯，輒塵落瓦飛。」

清「淵鑑類函」卷二六六、「嘯」三：「王子年拾遺記曰：太始二年，南方有因霄之國，人皆善嘯，大丈夫嘯聞百里，婦人嘯聞五十里。」

右書又錄「明詩小傳」：「徐文長，貌修偉白晳，音朗然如唳鶴，中夜呼嘯，有群鶴應焉。」

小說家描寫，更見誇張的，是今人金庸「神鵰俠侶」之說神鵰俠楊過，爲了要逼使隱居黑龍潭中的武林高士瑛姑出來，與她離別多年的一燈大師相見，不得不「作嘯相邀」。那楊過氣凝丹田，左手撫腰，仰首縱聲長嘯。

這嘯聲初時清亮明澈，漸漸的越嘯越響，有如雷聲隱隱，突然間忽喇喇、轟隆隆一聲急響，正如半空中猛起個焦雷霹靂。郭襄耳中雖已塞了布片，仍然給這響聲震得心魂不定，花容失色。那忽喇喇、轟隆隆的霹靂般的聲音一陣響似一陣，郭襄好似人在曠野，一個個焦雷在她身畔追打，心頭說不出的惶恐驚懼，只盼楊過的嘯聲趕快止歇，但焦雷陣陣，儘響個不停，突然間雷聲中又夾著狂風之聲。

郭襄喚道：「別叫了，我受不住了啦！」但她的喊聲全被楊過的呼嘯掩沒，連自己也聽不到半點，只覺得魂飛魄散，似乎全身骨骼都要被嘯聲震鬆。

便在此時，一燈伸手過來，握住她的手掌。郭襄定了定神，覺得有一股暖氣從一燈的手掌中傳了過來，知道他是以內力助己鎮定，於是閉目垂首，暗自運功，耳邊嘯聲雖然仍如千軍萬馬般奔騰洶湧，卻已不如適才那般令人心驚肉跳。

楊過縱聲長嘯，過了一頓飯時分，非但沒絲毫衰竭之象，反而氣勢愈來愈壯。一燈聽得也不禁暗自佩服，雖覺他嘯聲過於霸道，使的不是純陽正氣，但自己當日盛年之時，卻也無這等充沛的內力，此時年老力衰，自更不如；心想這位楊賢姪內力之剛猛強韌，實非當世任何高手所能及，不知他如何練來。楊過隨著神雕在海潮狂濤之中練功，一燈並不知情。（民國七十三年七月，遠景出版社五版，一四〇九頁）

又寫楊過在華山，嘯斥一批江湖妄人：

楊過哈哈一笑，縱聲長嘯，四下裏山谷鳴響，霎時之間，便似長風動地，雲氣聚合。那一干人初時慘然變色，跟著身戰手震，嗆啷啷之聲不絕，一柄柄兵刃都抛在地下。楊過喝道：「都給我滾罷！」那數十人呆了半晌，突然一聲發喊，紛紛拚命的奔回下山去，跌跌撞撞，連兵刃也不敢執拾，頃刻間走得乾乾淨淨，不見蹤影。（一六四三頁）

「神雕俠侶」，也寫了武功低於楊過的人士，也能縱聲長嘯，震撼人心：

忽聽得遠處有人長聲叫道：「萬獸山莊史氏兄弟奉神雕俠之命，來向郭二姑娘祝壽，恭獻壽禮。」聲音非一人所發，乃史氏五兄弟齊聲高呼。他五人內功另成一家，雖非一等一的高手，但縱聲長嘯，竟同具宮、商、角、徵、羽五音之聲，鏗鏘豪邁，震人耳鼓。（一四九六頁）

這兒，咱們可以小小作一結論。人類的嘯聲，最強烈的，和虎嘯相等。若說會超過了海嘯，那是絕不可能，有之，則武俠小說所虛構。電影中的人猿泰山，那嘯聲乃緣「音響效果」而然。高樹藩「形音義大字典」：「吹聲曰嘯，即今之吹口哨」，可稱新近的見解。咱們男孩子，當青少年期，大都經歷過這麼一段歲月，獨行街巷間，喜吹口哨。平生，偶或遍覽雜書，「嘯旨」乃七十多年讀書生活中罕有見到的奇書。

民九五、四、十二日

中國音樂的音檔

——兼說「中國兒歌」與「書評書目」的事

洪建全視聽圖書館，自六十四年九月創立，開拓了我國圖書館事業的另一番境界。其初創與周年之慶，我都曾特往道賀。才兩年三個月，中華路五樓大廈落成，館址喬遷了。這種迅速發展，眞教好些公私圖書館慚愧，尤其是各級學校和公立的圖書館。

十二月十七日的揭幕，我略略參觀。在三樓閱覽室，還帶上耳機，聽了八個頻道的音樂節目。頂難得的是，在民族音樂室門口與許常惠教授邂逅，特別跟他提到民歌腔調錄音的問題。臨出前，又與他洪家一位專攻教育資料學科的小姐，就該日特展「創刊號雜誌」的事，小作討論。

茲請藉「國際視聽月刊」園地，併同另幾件事，略略申述。

史惟亮教授臨逝之前，所念念不忘的，就是民族音樂的研究——重要的是，「音檔」的典藏，防潮、防熱，防水火，防地震。前不久，還見新聞報導，書蟲蛀壞了美國大圖書館的珍藏。今秋臺北市淹水，就有不少公私的珍貴典籍給泡了黃湯。當年，他和許常惠教授遍走寶島，獲得不少民歌的錄音。其典藏、運用與研究，想必本館能夠全力來支援。

恕我外行人來提說以下這幾點。

希望多有中國音樂的「音檔」。不說古琴、古箏的獨奏，現在已有高手，有些且爲大師，像梁在平教授。民國三十五年春，在長安城的一個音樂會，聽人家的南胡獨奏，覺得與西洋的小提琴獨奏，難分軒輊。那位音樂家還演奏了他「遊終南山紀行」的作曲，對於我這個每年都要遊終南山好幾趟的人聽來，就更覺得美了。現在想起，那位先生很可能是惟亮在西北音樂學院念書時的老師。

中國廣播公司曾播出「春江花月夜」的國樂合奏，樂章宏偉，起著層層引人入勝的變化。只要專家學者來尋覓，古樂的曲譜，並未完全失落。譬如古琴的譜，就可找出成套的書。希望洪建全的「音檔」勿交臂失之。想必也跟莊本立教授有連繫罷。他著有「中國古代之排簫」，並與現在南洋群島土人的排簫，有所比較。這也要有「音檔」罷。

所有現代唱中國歌曲的，演奏中國樂器的「音樂」，都要有計劃的建立。倒是不必太爲西洋音樂資料費心。輕重、本末，這得有所衡量。假如現在咱們不這樣做，會引起五十年、一百年後人們的責罵。怎麼某某音樂家的「音檔」，你沒留下來呀？

婁子匡教授大發宏願，十多年來，蒐求海內外的孤本，影印複刊了近五十多年南北各地的歌謠集，已超過五十種。希望從這些文字記載上，「騎馬找馬」的找到各地鄉土民歌的腔調，也要留下「音檔」。我嘗想，中南部的幾處「榮民之家」，臺北三峽那韓戰反共義士的山莊，他們都是已過中年的奇男子，五湖四海豪俠，每人都保有不少謠俗資料在口耳相傳裏。

在本館藏書的開架上，似未見到這些歌謠書册。

兒童文學，既爲洪建全文教事業要項之一，務請也注意我下了兩年工夫的排比、研究、考證，纂述的「中國兒歌」（民國六十六年十二月，純文學出版社版）懇切希望：

*1.*有些兒歌，是有腔調的，希望音樂家來建立「音檔」。

*2.*即使是隨便念唱的兒歌，如催眠曲的「母歌，月光光，張打鐵，李打鐵，「小白菜」，娶了媳婦忘了娘，不說把全國兩千多個縣市蒐集齊全，單就其東西南北上十個大地方的「音檔」，關聯的、對比的來聽聽，就好有意思。

*3.*寫兒童詩，寫童話的大朋友和小朋友，請參考參考這從幾萬首歌謠中特選而出的一千五百零一首兒歌。中國兒童文學的根基在此。

再說說「**書評書目**」。好有創意，大可讚佩。

可惜中國社會還沒有產生職業書評家的條件。咱們來使其有呀。有上十位寫「方塊」雜文的評論家，也們的筆鋒所及，至少是常有十分之一二的短評文字，是屬於書評的。不過，都只是「即興式」的，且七八百字的篇幅所限，也無法多說。在書册，知識的媒介上，書評定要按現代圖書館學的要求來寫。我曾爲某個專刊寫過一篇書評，編者是必認定我文前的書本「標準說明各點」近於廣告，把它刪除了。好遺憾。

「書評書目」應該請請寫方塊的朋友，以及藝文批評家，還有圖書館學者以及中央圖書館職掌此類業務的專家，再加三幾位熱心的長期「書評書目」讀者座談座談，研究發展一番，就可做得更善更美了。這個刊物也是洪建全文教事業的中心工作之一。我這後段文字務請連帶發表。如需「書評書目」刊載，無妨全文刊出後，再割裂轉載。

這次所舉辦的「近三十年創刊號雜誌展覽」，雖已達六百種之多，但遺漏者不少。因爲有些期刊，只曇花一現。還有孤芳自賞的，人家不太知道它。也有斷斷續續的。洪建全教育文化基金會，似宜撥出一筆經費，自辦或委託那方面，擴大蒐集，且印成一本大書。

1. 印出每一刊物的封面和首頁正文。有彩色的，刊印其彩色。

2. 述明此刊物主編、發行者、刊期、篇幅、頁數、當時發售定價。創刊號的全部目錄。創刊以迄停刊的卷期年月日。

3. 分類編排。同類的，依時間爲先後。

還有一件事，我一直耿耿於懷。現在電視機之普遍，幾乎每戶都有一臺乃至兩臺。但卻不一定每家都有寬大的廳堂，十之七八的人家，大人小孩看電視，都有距離過近的問題。彩色電視的輻射，螢光幕對目力的損害，皆構成了身體健康嚴重的損害。我以爲，幾家電視公司和許多電視機製造的廠家、經銷商，都應義不容辭，爲這問題的解決，提出有效的措施才好。

載民六十七年六月「國際視聽月刊」第三十期

創新的藝專國樂演奏

中國民間歌樂欣賞會，國立臺灣藝術專科學校國樂科演出。在國樂合奏部份，給了我們空前美好的感受。後來，聽到收音機錄音轉播，美好就打折扣了。自也由於我這收音機不好，更說不上音響設備。或者是，某電臺當時錄音工作欠佳。

民國六十七年十二月五日晚七時半，這欣賞會在臺北市　國父紀念館舉行，聽衆爆滿。前半場，歌的部份，是江蘇、四川、臺灣、河北、北平、山西、陝西、客家、青海、新疆、蒙古的民歌。後半場，樂的部份，是山東吹打樂，臺灣迎親樂，廣東民間樂，客家民間樂，潮州鑼鼓樂。十多天後，遇到當時也曾到場的詩人羊令野、作家司馬中原，說起當晚感受，咱們再共同讚賞一番。音樂界人士，曾看到申學庸、莊本立教授，散場後，未及趨前請教。我想，專家必有高明看法。

自己工作忙，很少聽音樂會。如今，音樂會的舉辦，漸漸多了起來，卻是我所關切的事。在日常寫讀生活裏，經常伴著我，撫慰、激勵我的，是收音機的音樂節目。說中西音樂一直在教育著我，這話毫不過份。黎明前後的國樂，晚間的西洋音樂。凡在臺北市所舉行的音樂會錄音轉播，我大都沒有放過。

由於這種情形，可證「空前美好」的品評，並非隨便說來。

那天，藝專國樂科陳裕剛主任，特地來相邀。陳先生，以前並不熟識。問起來，他原是學電機的，廣東人。我說：「你這可是第二位林二了。」

這五十多年來，各級學校，各種社團，以及許多職業的國樂演奏，聽了不算少。總感到獨奏清悠悅耳，合奏有欠和諧。陳先生很同意我的看法，他說，西洋交響樂的發展，不知經過了多少音樂家的努力，方達到今天這樣和諧多趣的境界。國樂演奏，只要下力研究，也必能達到美好的要求。他眞是位謙謙君子，也並指出他所主持的國樂科，已經做到了這一點。

藝專這次樂的演出，竟然將國樂合奏向所難免的欠和諧之感，一掃而淨。細細領味，乃是由於除了國樂器的笛、胡琴、琵琶、月琴、箏、笙、三弦之外，還用了西洋樂器的大提琴、小提琴、低音提琴、伸縮喇叭、法國號來助陣。有中國傳統的鑼鼓，卻也有西洋的定音鼓在配合。

國樂合奏，用西樂器助陣，使之產生調和作用，藝專國樂科，必然經過了多番嘗試，不斷改進，才有這種成績。「國樂科教學創作研究小組」董榕森、陳士孝、楊秉忠、陳裕剛、鄭思森、陳勝田、李健、魏德楝、林培、周文勇、張清眞、許輪乾、江永生、林昱廷等十四位教授，功不可沒。

六十八年一月一日臺北中央日報「提高國內音樂水準」的專題採訪，記者蔡文怡執筆。提到臺北市將有六十人編制的國樂團。不知將來能否酌用西樂器來輔助？也許有人覺得這不倫不類，但這樣配合之美好，確是不容否認。

這次還有創新作法，特請民間樂團演奏者爲主奏人，全體樂團伴奏。這就是山東吹打樂「二番曲」劉鳳岱先生的嗩吶吹奏，臺灣迎親樂陳冠華先生的嗩吶吹奏。旁座兩位音樂系的學生，神情很感動的說，如用西洋交響樂伴奏，效果可能更好。散場時，我和這兩位小作討論，會不會有的交響樂團不屑爲之呢？這是觀念的問題。

我特別讚賞這一作法。民間樂團的演奏者，有的終生習練一種樂器，演奏已入化境，理應贏得聽衆和音樂界的尊敬、看重，若非這樣場合，烘雲托月，表而出之，豈不永受埋沒。西樂器助陣，使國樂器特色更能發揮，我們何樂而不爲。中西文化之綜合運用，不僅在音樂，如文學、繪畫、彫塑、建築，尤其是醫藥，皆當如此。中國功夫茶館碰到楊英鳳教授，特別爲之作了一番探討。

下次國樂科演出，似可在節目單上列一簡表，說明所用中西樂器，指出各樂器在本樂章中的功能。還可特別邀請音樂界、文藝界人士、文教記者和寫「方塊」的朋友，於演奏後即席研討，或專爲此目的而演奏，使國樂振興，更臻完美。

載民國六十八年四月「國際視聽月刊」第四五期

黎明前聽古箏獨奏

臺北寒冬，黎明前的寫作，靜靜的。一家人都還未起。吊燈和桌燈都開了，好光亮柔美。感謝今日電力照明。關上房門，坐案頭，搬出待纂寫的諺語卡片盒盒兒，攤開書册、稿紙，飲下兩玻璃杯涼開水，例行工作開始。這麼不徐不速，作下去。

扭開背後書櫃上的收音機，只要找調頻的國樂播放。那古箏獨奏的樂章，高山流水，陽春白雲，我好似到了富春江的七里瀧，清澈水面映著山影。感謝梁在平大師以及他這一夥喜愛中國古樂器演奏的朋友，使我每個精力充沛的清晨，在一天寫作工作開始之際，得到了這麼無上的心靈滋潤，中華文化詩教傳統的樂章撫慰著我，使我人生回歸有如嬰兒。

這二十多年來，偶然聽到中廣國樂團「春江花月夜」的播出，總教我十分滿意，尤其是梁在平這首曲子的古箏獨奏。伍稼青（一九〇一——一九八七）兄晚年，應已年逾七十，未去美國之前，他已從教授職位退休，有一時期，用心學起古箏來，即因傾心於梁在平。稼青兄愛好音樂，實始於幼年時代。

只以兩外孫女房裏，都各有音響設備。好多年，我書房僅只一個簡陋的收音機，放置多年都未使用過。她們搬走了，民國八十年春，我方有了個可播放錄音帶的收音機，特別買了四卷古箏錄音帶，有大陸的，也有臺灣的，聽來聽去，就是不及梁大師的韻味，而他的古箏錄音帶，附近街上，四家專賣店貨架上，硬是尋覓不到。錄音帶都是密封的，無法可以試聽。

民國六十七年元月九日初稿，八十年四月二日增訂。

樂歌慰我

國樂演奏，不管古琴、古箏、南胡、琵琶、簫、笙乃至洋琴，越是獨奏，越是靜靜的聽，越是撫慰著我的心靈。冬天黎明前，書房工作，一個多鐘頭天才大亮，感謝這好幾個電臺，播放出如許清新、悠然、平和的樂章，教我頂是受到精神激勵。溫柔敦厚的詩教，也從這中國氣派的樂音中得之。

我也十分喜愛且深深敬重悲多汶、莫扎特、蕭邦、瑪麗安德遜和卡羅素，但很少把清晨時間留給這些西方偉大的心靈，更不用說黎明前了。蝴蝶夫人歌劇的唱片，正如同聽咱們國劇中的六月雪、玉堂春，我常常反覆播放，百聽不厭。有意思的是，這幾個電臺似有默契，他們不太在清晨之前，播放西方音樂。

民國六十七年元月十九日晨

銀色高跟鞋

越是新發展的電子琴，它越具有神奇的音響效果，操縱了它，就像是在指揮一個交響樂團一樣，當然，它也可以縮到有如一個小樂器，爲情境悠然的獨奏，輕巧巧的。演奏者並無須過於緊張的手忙腳亂，但操縱它，卻必須手腳並用，而且電鈕、琴鍵的撥按，好不簡單。

十幾位年輕女性，多半著白紗長裙曳地的禮服，坐琴前彈奏。她們背部斜向著聽衆。你看不到她演奏時的臉孔，特別能看到的，只是她腰、臂的動姿，尤其是左腳在踏板上的動作，她們幾乎齊體穿著白色高跟皮鞋。

獨有一位，她年長些，已過三十，卻由於音樂造詣深厚，琴技特多姿彩。惟獨她穿的銀色高跟皮鞋，白紗禮服緊束著有色腰帶，顯示著種女性優美的挺直腰肢。她的曲子也比旁的女士彈奏得多一些，只見那銀色閃亮的鞋，上下左右閃動撥挑不已。這動作，增加了全場的氣氛，豈僅男士們爲之傾心，也顚倒了一些女聽衆。

人們會想起「仙履奇緣」。聽說，次日頗有幾位捺不住情熱的人士，特往她寓所獻花致敬。

民國七十四年二月廿五日

記十七日上上音樂中心演奏會，翁麗玉所予壽堂的感受。

痲城歌

兒時，在武昌城，常有聽到唱俗曲的，夏天晚間，瞎子算命先生拉起胡琴，奏出抒情的音樂，一變白天那種平板的調門，唱些四季相思、孟姜女、昭君和番之類。但印象更深的，則爲秋季裏，逃水荒而來的年輕婦女，以打鳳陽花鼓的姿態，走街過巷賣唱。「痲城歌」，是人們喜聽的曲子之一。其首句「太陽滿天霞」的白描，顯示出十分燦爛的形象。我常常吟味這五個字的意境，希望能錄得全曲。從前那專印小唱本的書坊，很可能有刊印出版。不知中央研究院歷史語言研究所傅斯年圖書館，俗文學豐富典藏，有此一册否？湖北人士當尤感親切。

何以名痲城歌？江漢俗曲，還少有特以地方爲名的。這名字，是編歌者隨口按上的？還是痲城縣果特有此調呢？吾鄂明達，或有所知，敬請指教。

偶檢手邊歌謠檔卷，有痲城歌序曲部份的不全記載：

太陽滿天霞
想起小冤家
想起哪冤家淚如痲

不記當初話
調戲小奴家
發下誓願比天大
昔日來調情
話兒說得明
說得涼水點燃燈
鑰匙叮噹響
打開書盒箱
手拿梅紅紙一張
左手磨香墨
右手把紙摺
兩眼汪汪寫不得……

接下去，大段大段抒情的唱詞，有「十寫」、「十繡」的感歎與描述。而「說得涼水點燃燈」與「鑰匙叮噹響」之間，一定還有些形容語句被遺漏了。以上的不全記載，大約是民國三十年左右，在長安鄉下，請先母述說而錄在卡片上的。

旅臺的鄉長們，請你家補足這首俗曲，好麼？

載民國六十四年元月五日臺北聯合報副刊

按，麻城縣處於湖北三黃——黃陂、黃安、黃岡的東北，今名麻城市，已處大別山區城，鄉土歷史謠俗非少。其龜山峰，或名龜頭山，特出名。春秋時代，吳楚交戰於此，見「元和志」的記載。乃有此麻城歌也。

春秋時代，吳、越接壤，爭戰不息，勾踐臥薪嘗膽，最後一戰，吳敗，夫差自殺，乃歷史上一大悲劇。而吳、楚交惡，也是征戰不息，陷人民於水火。

史稱，「吳子敗楚師入柏舉，遂入郢」。「名勝志」：「麻城縣東北有柏子山，縣東有舉水。」柏舉之名，蓋合山水而得之。吳師勝，南下黃岡，溯江而上，過武漢，進佔楚國都城郢。郢，今湖北江陵。這江陵，至麻城，何止三百公里的遙遠。見古昔吳師之長驅直入，其狂喜而驕，可想而知。

當年，吳楚爭戰不息，不知造成社會多大浩劫、慘劇。後，楚師勝，乃得盡復失土，據今湖北、湖南及四川，爲春秋五霸之一。

此麻城，古今謠俗傳說之鄉，其生活背景，乃是萬萬千千生靈塗炭，上輩子人們血淚匯聚的深淵。「麻城歌」乃稱美江漢間。

民國九十五年四月廿三日記

國父坐姿塑像

法國名家郎度斯基（一八七五——一九六一）所彫塑的　國父坐像，長袍馬褂，靠坐，膝微張，腳併攏，大腿上攤開一長卷，雙手撫摩其上，恂恂然儒者氣象。

這座彫像，在中山陵靈堂。自民國十九年以來，每有謁陵，大家都不知瞻禮過多少次了。如今，外雙溪的故宮博物院，供奉其複製品。

星兒才從中國文學系畢業未久，一次跟我去故宮博物院參觀，進入大廳，他第一眼看到這座塑像，認爲姿勢上有問題。

國父怎麼會是兩膝緊緊併攏的在坐著呢？多麼予人以拘謹之感，太失去世人所周知：孫逸仙博士的氣派了。

回憶回憶從前人們乘人力車，這樣拘謹的坐姿，只鄉下大娘初入城市才會如此，她正襟危坐，背都不敢後靠。但稍坐了幾次，她也會取一種舒坦的坐姿。無怪諺語說：「站有站相，坐有坐相」了。

男人家坐相，沒有人不是張開兩腿的。按，　國父這坐像，兩膝並未併攏，併攏的乃是兩腳，只因起了疑問，就有了這樣以爲是兩膝緊緊併攏的印象。

我很以星兒疑問為然，許其觀察精微，善於思辨。

我們到另一陳列室，看歷代帝王坐相的畫軸。可不是？他們通通兩手擱在膝頭上，腿腳成外八字，都是膝部大大張開的坐著，才感到舒坦，也才顯得雍容英武。

手頭適有一本畫册，朱傳譽編「臺灣畫史」，民國五十二年十月，臺灣畫史編纂委員會出版，所示古今各階層男性人物坐像，絕沒有一個是併緊膝頭的，而都是依著身體自然而然的姿勢，儘量向左右放開腿腳。如：

鄭成功畫像（六頁）

民間神化的陳永華木刻像（七頁）

流傳民間的施琅塑像（八頁）

沈葆楨坐姿攝影（一九頁）

唐景崧坐姿攝影（二七頁）

黑旗將軍劉永福坐姿攝影（二八頁）

抗日領袖林少貓、簡水壽遭日人拘捕的坐姿攝影（三一頁）

反日志士余清其，被捕後，坐人力車上，由日警押解，遊行示衆的攝影（三八頁）這兩幀攝影顯示出，男性縱當遭受刑苦，極不舒服的坐著，也必是自然而然，張開兩腿的。

民國三十二年開羅會議，蔣總統與羅斯福總統、邱吉爾首相、蔣夫人四人的坐姿攝影（五〇頁）

日據時期，國民學校師生的合影，一位男老師和七個女生坐著，八個男生齊立後排（一四六頁）

歡送新兵入營，十二位役男坐姿攝影（一六〇頁）

更有西方塑像的一個好例子。美國那有名的林肯坐姿塑像，他兩手成九十度的擺在大椅子的扶手上，兩腿大大張開，膝部與腳尖，成外向三十度的傾斜。

此林肯塑像，在美國書刊上，是大家所常見到的。跟朗度斯基這座塑像比較，就感到星兒這位大學生所起的疑問，大大值得我們注意了。

現在，且從「國父畫傳」（民國五十四年十一月，中國國民黨中央黨史編纂委員會編，中華民國各界紀念 國父百年誕辰籌備委員會出版）上，看他年輕時直到逝世前一年，二十三幅坐姿的照像，考察考察，有沒有這樣坐得拘謹的樣子呢？一一分析的結果：沒有。這二十三幅 國父坐姿照像，有七幅大張膝，十六幅普通程度的張膝。

先說大張膝的。

國父與菲律賓獨立黨代表彭西，在日本橫濱合影（四〇頁）

國父坐，彭立於右， 國父兩膝大張。

國父在星加坡成立同盟會時，與同志合影（四八頁），七人坐，七人立， 國父坐中央，坐者皆大張膝。

國父在吉隆坡與當地官員合影（五二頁），兩坐四立，國父坐，坐者皆大張膝。

國父四十四歲時攝於倫敦（五四頁），坐籐椅，兩手執書，大張膝。廣東同盟模範軍歡迎會（八三頁），　國父與共坐者十六，除兩女性，一男性交叉腿，皆大張膝，後立者十二排人。

國父在太原（八九頁），　國父與坐者十人，皆大張膝，只一軍官，因指揮刀豎立左腿外傍，膝微微張開。

民國二年二月，攝於上海正金銀行二樓（九三頁），　國父與四人同坐，皆大張膝爲八字形，　國父膝腳與肩頭張成直線。

再看普通程度的張膝——即男性平常坐時張膝的狀態。

國父與日本友人合影（四二頁），　國父坐前排，一半人後立，　國父膝張。

國父四十六歲在美攝影（六二頁），坐像，從側面照，膝張，腳併。

國父在芝加哥與同志合影（六三頁），四坐八立，　國父坐，坐者皆張膝。

國父返國經香港時，與歡迎人員合影（七一頁），在船甲板上，六人坐，十七人立，國父坐，左手挽大衣，執呢帽，右手撫帽沿，膝腳皆張。

唐紹儀至南京，洽商臨時政府改組事宜（七六頁），　國父等五人坐，後立五排人，坐者皆張膝。

在湖北與軍政人員合影（八二頁）：甲幀，　國父坐，共坐二十六人，皆張膝，後立九排人。乙幀，　國父坐，共坐者十五人，皆張膝，後立五排人。

香港商埠歡迎會（八四頁），　國父與同坐者四人，皆張膝，後立七排人。

張家口各界歡迎大會（八八頁），　國父與共坐者八人，皆張膝，後立七排人。

國父往日本視察，民國二年二月十一日自上海啓程（九四頁），　國父與五人坐，皆張膝。

民國三年七月八日，在日本築地精養軒，舉行中華革命黨成立大會（九九頁），　國父與八人同坐，皆張膝。

民國六年在廣東，與章炳麟等合影（一〇六頁），　國父與十三人同坐，皆張膝。

南寧各界歡迎　國父誓師北伐，民國十年十月二十六日（一一六頁），　國父與十七人同坐，皆張膝。

與大元帥府人員合影（一二一頁），　國父與十一人同坐，除孫夫人外，皆張膝。

民國十二年十月十六日，在廣州，舉行中國國民黨討論會（一二四頁），　國父與十六人同坐，除一人交叉腿腳，一人蹺二郎腿，皆張膝。

國民革命的兩位領導者，在黃埔陸軍軍官學校開學時攝（一三二頁），此即吾人所習見國父坐，　蔣總統著戎裝立，坐者張膝。

「國父畫傳」上，也有郎度斯基這座塑像的精神（一四五頁）。郎氏之所以要把膝頭、小腿、腳部的坐姿作這樣的彫塑，依猜想，當不外是：

1. 表現　國父從容安祥的態度。

*2.*強調中國人的儒者形象。

*3.*西方藝術家對於東方人氣質體態的擬想。

*4.*因爲腿上平放著書卷，又以兩手撫摩其上的原故。

這位彫塑名家其所以要如此表現，必有他的理由。他怎麼能想到，四十年後，會有一個中國的年輕人，認爲如此形象失之「拘謹」呢？或許，還有旁的人也起過同樣疑問。只以目前正在臺北市光復南路興建的　國父紀念館，可能要安置坐像，特提出此小小考證，以供參考。我們太應該請本國的彫刻家，來做這一個莊嚴的工作，不要再用複製品了。

本文所舉例的兩部書和林肯坐像的攝影，都不難找到，把這些坐像圖片一一比較，就能見出道理了。

校　記

右文寫於民國五十七年元月二十五日。

其時，故宮博物院有擴建之議，我就把這篇文字抄送王雲五先生參考，並說明，我不打算發表。雲老事忙，未奉到回信。隔了大半年，在報上廣告欄裏看到，有人也有這麼一個題目的文字，發表於某雜誌。當時，我也沒想到找這篇文字看看，看別人談些什麼。

事隔一年多，我想，收入此集，倒也必要。這本書，還不知何日出版呢？這裏，也不過僅僅只是談談罷了。如果劉獅、張英超、楊英風三位老兄讀到此文，可能會感到興味，而大有作爲，也說不定。

民國五十八年四月二十一日

大冶山人劉先雲

劉先雲（一九一〇——二〇〇七），跨世紀的人物。我倆足足有六十載深厚情誼。九十八歲，國之大老，已是人瑞耶。

民國三十六年春，在武漢，由於魏予珍兄的糾合，十二位湖北人士，黨政軍文教、經濟各界領導者，平均的，都長我四、五歲，先雲則大我兩歲。人生閱歷豐富，抗戰八年，各有其艱辛、險危、奮鬥的歷史。若詳加述說，足以寫成一部大歷史書。

予珍跟胡秋原爲小老鄉，中學同窗。他向來人際關係特強。在臺北，我跟秋原兄，說起這位故人，秋原猶道念不已，嘆爲平生少有的際遇。我跟予珍，自民二十三年以迄三十五年，北平、長安的老同事。他的詩文、書法，友輩少人可及。

抗戰勝利後的復員，予珍先返武漢，創辦了「正義報」，爲社長，只是無甚財源，十分艱難的支撐。我隨後返鄉，他堅邀我任副社長。

咱十二人，內中幾位爲黃埔同學，皆長袖善舞。每月特有一次餐會，漸漸要形成爲政治性的組合。有時特到黃鶴樓下廟觀，吃素席。那天，慶平里聚餐後，特至先雲家，爲伯母拜壽，老人家欣慰極了。

那年，胡宗南部克復延安。京滬中外記者三十餘人，前來訪問。武漢報界十二人，也組團前往，予珍任領導人。

余紀忠兄，自瀋陽來了兩次電報，邀予珍出任東北長官部政治部的副主任。予珍有意前往，把「正義報」全交給我。我無此長才，難以應命。雖然，自民十九年武漢三年職業寫作，我跟武漢報業，也頗有淵源。

這年夏秋，我離武漢，赴南京，進空軍。隨後，就到臺灣了。

十二人中，僅先雲與我來到臺灣。湖北同鄉會的新春團拜，「湖北文獻」的聚會，屢有會晤。有次，他蒞臨舍間，說起他夫人焦韻清。亡妻姚青，立即想起她的三姑姑，是嫁到大冶焦裕泰家。民國十四年間，青特去大冶，居留了大半年。兒時、青少年時代，我時至姚府，見到她的大姑媽，尤其是二姑媽夫婦。二姑爹童賓秋，武漢名報人，遇我夫婦至厚。大表弟童世璋，曾任筧橋時代空軍官校政治部訓育科長，來臺北後，發表了不少散文、小說，乃名作家。前幾年逝去。這位三姑媽，早乘鶴西去，我倒是從未見到過。

先雲兄任臺北市教育局長時期，曾去拜望過幾次。皆爲羽球界的事。那時，我爲全國羽球協會副總幹事，又兼臺灣省羽協、臺北市羽協的總幹事。民間體育的事，既瑣細，又繁雜，每每把我忙得不亦樂乎。只因我青年時代打網球。中年後，打羽球。沒想到，羽球以球不落地，運動量好激烈。那時，臺北羽球館，乃是少有的寬闊，宏大建築體。喜好者，進入其中，無不非常賞心樂意。其餐廳之出名，更是百分受到贊美。而圓山樹林間，近處的室外球場，爲東南亞各國羽球運動之最，體育史上所罕有。

先雲兄任公職，逾半世紀。退休後，奉聘爲總統府國策顧問。他一生，是閒不住的人，受黃光男教授指導，民七十三年起，投筆於繪事。特喜畫蘭、梅、竹、菊四君子及荷。民八十八年七月，臺北，正中書局出版了「劉先雲畫册」第一集，書高卅一公分，寬廿三公分，厚一公分半，收畫二百一十六幅。

先雲兄的畫，少爲人知，以畫會友，共有六位，乃名所居「六逸齋」，其款識畫幅的詩文意境超逸，如卅五乘七十公分之「國香」：

士之才德蓋一國　則曰國士
女之色蓋一國　則曰國色
蘭之香蓋一國　則曰國香
自古人知貴蘭　不待楚之逐臣
而後貴之也
蘭甚似乎君子
生於深山叢薄之中
不爲無人而不芳　雪霜凌厲而見殺
來歲不改其性也　是所謂遯世無悶
不見是而無悶者也

蘭雖含香體潔
平居與蕭艾不殊　清風過之　其香藹然
在室滿室　在堂滿堂　是所謂
含章以時發者也
民國七十九年夏
臨板橋之作　似不能望其項背
大冶　劉先雲寫於臺灣時八十有一

先雲兄詩文，意境超逸，書法骨力挺拔，繪事用筆不多，詩書畫三絕，好教人仰敬。敬錄其山水「曲雨風急水橫流」，誌我哀思。此畫冊後頁封面，本是繪的「松鶴遐齡」，他卻欵題這麼八個字

立足臺灣　胸懷大陸

特見深意存焉。他的畫作，喜以「大冶山人」自稱。

民國九十六年元月卅一日

載民九十六年七月「湖北文獻」一六四期

朱介凡書目

日本的成功與失敗　民國二十八年七月，中央陸軍軍官學校第七分校
人性、黨性、階級性、民族性論　民國四十年六月，改造出版社
另一個戰場的勝利　民國四十二年十二月，中國新聞出版公司
諺話甲編　民國四十六年四月，新興書局
我歌且謠（諺話乙編）　民國四十八年六月，世界書局
臺灣紀遊　民國五十年四月，復興書局
擺江　民國五十年十月，新興書局
聽人勸（諺話丙編）　民國五十年十月，世界書局
中國風土諺語釋說　民國五十一年十二月，新興書局
方言記事示例　民國五十二年六月，志成出版社
五十年來的中國俗文學（與婁子匡合著）　民國五十二年八月，正中書局
中國諺語論　民國五十三年十二月，新興書局
心潮　民國五十四年八月，自由太平洋文化事業公司

泡沫　民國五十六年八月，臺灣商務印書館
雞兒喔喔啼　民國五十六年九月，臺灣書店
大陸文藝世界懷思　民國五十八年五月，臺灣商務印書館
閒話吃的藝術　民國六十一年七月，華欣文化事業中心
中國歌謠論　民國六十三年三月，臺灣中華書局
譬喻諺語集　民國六十三年四月，天一出版社
南風流水　民國六十六年十一月，白雲文化事業有限公司
中國兒歌　民國六十六年十二月，純文學出版社
文史論叢　民國七十年三月，黎明文化事業公司
武昌起義的前導——彭楚藩劉復基楊宏勝傳　民國七十一年十二月，近代中國出版社
朱介凡自選集　民國七十二年四月，黎明文化事業公司
白洋淀雜憶　民國七十二年十二月，臺灣中華書局
中國謠俗論叢　民國七十三年六月，聯經出版公司
俗文學論集　民國七十三年十一月，聯經出版公司
文學評論集　民國七十四年七月，臺灣商務印書館
渤海大隊的弦歌　民國七十五年三月，黎明文化事業有限公司
中國諺語裏的歷史傳說　民國七十六年六月，臺灣省政府新聞處

中華諺語志　本文十冊，索引一冊。民國七十八年八月，臺灣商務印書館
海天情湧　民國八十三年八月，爾雅出版社
中國民俗學歷史發微　民國八十四年二月，渤海堂文化事業公司
壽堂雜憶　民國八十八年八月，文史哲出版社
百年國變　民國九十三年二月，爾雅出版社
我愛中華　民國九十四年五月，新文豐出版公司
改變中國的一些人與事　民國九十五年十月，爾雅出版社
夢魂心影　民國九十五年十二月，爾雅出版社
秋暉隨筆　民國九十五年十二月，爾雅出版社
文史謠俗論叢　民國九十六年元月，新文豐出版公司
為佛說諺　民國九十六年元月，新文豐出版公司
白話文跟文學創作　民國九十六年十月，文史哲出版社
文藝生活　民國九十六年十月，文史哲出版社